feat. 20대 일의 기쁨과 슬픔

# 중년 여성의 품위 있는
# 알바 생활

김로운 지음

다음 메인 및
직장인 베스트글
**1등**

밀리의 서재
밀리로드 밀어주리
**월간 1등**

브런치 스토리
조회수
**34만**

밀리의 서재
'밀리 로드'
**우수작선정**

와우라이프

### 중년 여성의 품위 있는
# 알바 생활

| | |
|---|---|
| 발 행 | 2025년 1월 15일 초판 1쇄 발행 |
| 저 자 | 김 로 운 |
| 발행처 | 와우라이프 |
| 발행인 | 임 창 섭 |
| 일러스트 | 이 수 연 |
| 주 소 | 경기도 파주시 송화로 13(아동동) |
| 전 화 | 010-3013-4997 |
| 팩 스 | 031-941-0876 |
| 등록번호 | 제 406-2009-000095호 |
| 등록일자 | 2009년 12월 8일 |
| ISBN | 979-11-87847-18-2(03810) |
| 정 가 | 18,000원 |

※ 이 책은 저작권법에 의해 보호를 받는 저작물로 무단 전재나 복제를 금지하며,
※ 이 책 내용의 전부 또는 일부를 이용하려면 반드시 저작권자나 발행인의 서면동의를 받아야 합니다.
※ 파본 및 낙장은 구입하신 서점에서 교환하여 드립니다.

feat. 20대 일의 기쁨과 슬픔

# 중년 여성의 품위 있는 알바 생활

와우라이프

들·어·가·며

## 중년 여성의 품위 있는
## 알바 생활을 들어가며

책 1장에 써 있는 대로 공장 알바를 시작한 지 거의 3년이 되어 간다. 그동안 참 많은 일들이 있었고 다양한 사람들을 만났다. 알지 못했던 신세계가 열렸다.

새로운 세상을 글로 쓰지 않고는 배길 수 없었다. 2023년 12월 말 브런치에 작가 신청을 하고 1월 6일 1화와 2화를 올렸는데 사흘 후 아침부터 핸드폰이 부르르 떨기 시작했다. 확인하니 브런치 알람이었는데 2화 조회수가 1천 단위로 올라가고 있었다.

브런치는 처음이라 이게 무슨 일인지 몰라 열심히 검색했더니 다음 메인 화면에 글이 올라가면 일어나는 일이라고 했다. 검색하는 와중에도 핸드폰은 거의 10분 단위로 부르르 떨었고 거의 하루 종일 부르르 떨었다. 그렇게 이틀을 울렸다. 도파민이 폭발하고 구름 위에 붕붕 떠다니는 기분이었다.

글을 읽어 주신 분들께 감사하며 다시는 이런 일이 없으리라 생각하고 마음을 가다듬었다. 일주일 후 3, 4화도 올렸는데 4화를 올린 후 다시 핸드폰이 부르르 떨기 시작했다. 이번에도 찾아보니 다음 '직장인' 베스트 글 1등으로 떠 있었다. 조회수가 1만 단위로 올라가고 있었다. 이때도 이틀 동안 핸드폰을 하루 종일 부르르 떨었다. 작가로서 이런 경험은 정말 다시 없는 일이다.

   연재 후 수정 작업을 하면서 나의 20대 회사 생활과 대형물류센터 알바 생활을 추가하였다. 많은 실패와 좌절, 공황장애에 이르는 스트레스가 있었던 나의 20대를 돌아보며 현재의 많은 20대들이 위로와 용기를 얻었으면 하는 마음이었다.

   이 책에 나오는 모든 이름은 모두 가명이며 약간의 각색이 얹어져 있다. 이 책을 읽고 많은 여성(중년이든 20대이든)들이 자신의 우울한 삶에서 뛰쳐나오는 용기를 가지고 억울한 일과 실패에도 무너지지 않고 다시 시작하며 다른 이들과 어울려 재미있게 사는 법을 조금이라고 알아갔으면 한다.

2024년 10월 20일 _by 김로운

# C·O·N·T·E·N·T·S

# 50대 여자, 알바를 시작하다

**01** 50대 중년 여자, 알바를 시작하다    12
    - 20대, 다른 길은 나온다

**02** 공장 알바 첫날, 외제차를 끌고 나오는 여사님들    22
    - 우리가 가진 편견

**03** 극 I가 일하는 법    30
    - 극 I도 변한다

**04** 걸그룹 옷차림의 필리핀인 알바    39
    - 이주 여성의 기쁨과 슬픔

**05** 세상의 쓴맛을 보다    45
    - 반전은 일어난다!

**06** 여자 화장실에 붙은 인력 빼가기 광고    55
    - 때론 의리가 돈보다 중요하다

**07** 서서 먹는 밥    64
    - 그때나 지금이나 서럽다

**08** 공장 왕언니들의 세계    71
    - 회사에도 왕언니가 있다

**09** 따뜻한 언니들    80
    - 일과 외모의 상관관계

# 목·차

## 즐거운 알바 생활

| | |
|---|---|
| **01 홈쇼핑 다음 날 출고 전쟁** | 92 |
| - 기자들과 금강산 투어 | |
| **02 까대기, 영혼 털리는 막노동** | 100 |
| - 프로의 실력 | |
| **03 이 구역의 지배자, 김상무** | 107 |
| - 실력이 지배자를 정한다 | |
| **04 명품 백을 사려고 알바 나오는 언니** | 117 |
| - 화려한 얼굴에 가려진 착한 마음 | |
| **05 칼잡이 언니들** | 126 |
| - 엔지니어계의 여신 | |
| **06 못된 언니** | 132 |
| - 그가 나쁘지 않으면 내가 나쁘다 | |
| **07 모자(母子) 알바** | 144 |
| - 20대는 실수를 통해 배운다 | |
| **08 알바 오빠** | 152 |
| - 중후한 오빠, 젊은 오빠 | |
| **09 외국인 노동자가 가는 곳** | 160 |
| - 열악한 그들의 자리 | |
| **10 잘 되는 회사, 안 되는 회사** | 168 |
| - 협력하는 회사, 불화하는 회사 | |

## C·O·N·T·E·N·T·S

**PART 03**

# 대형 물류 센터 알바

**01** 거대한 바벨탑     178
     - 화와 짜증에 찬 사람들

**02** 산더미 같은 카트     187
     - 바벨탑 안으로 날아든 비둘기

**03** 숨 막히는 더위, 좀비 같은 노동자들     195
     - 에어컨은 진정 안 되는가?

**04** 영혼까지 잠식한 빨리빨리!     203
     - 편리함의 이면

**05** 업무 교육보다 안전 교육     210
     - 숨 막힐 듯 밀려드는 물건 파도

**06** 특급 호텔급 화장실     217
     - 끊임없는 혁신

**07** 복수를 하다!     223
     - 블랙 리스트 사건

**08** 알고리즘의 제국     232
     - 알고리즘 속 인간들

## 목·차

### PART 04
## 알바의 세계로 나아 가자!

**01** 원수는 외나무다리에서 만난다 　　　　　242
　　- 달콤한 승리, 쓰디쓴 열매

**02** 가차 없는 경쟁 　　　　　　　　　　　250
　　- 올라갈 수 없는 회사

**03** 반전의 반전 　　　　　　　　　　　　258
　　- 탈락을 마주하는 우리의 자세

**04** 알바의 세계로 나아 가자! 　　　　　　265
　　- 품위 있는 노동

01. 50대 중년 여자, 알바를 시작하다 - 20대, 다른 길은 나온다
02. 공장 알바 첫날, 외제차를 끌고 나오는 여사님들 - 우리가 가진 편견
03. 극 I가 일하는 법 - 극 I도 변한다
04. 걸그룹 옷차림의 필리핀인 알바 - 이주 여성의 기쁨과 슬픔
05. 세상의 쓴맛을 보다 - 반전은 일어난다!

# PART 01
# 50대 여자, 알바를 시작하다

**06. 여자 화장실에 붙은 인력 빼가기 광고** – 때론 의리가 돈보다 중요하다
**07. 서서 먹는 밥** – 그때나 지금이나 서럽다
**08. 공장 왕언니들의 세계** – 회사에도 왕언니가 있다
**09. 따뜻한 언니들** – 일과 외모의 상관관계

# 50대 중년 여자, 알바를 시작하다
## 20대, 다른 길은 나온다

　50대 여자. 아이들은 다 커서 집안에 할 일이 없다. 부유하지는 않지만 어렵지도 않다. 매일 돈을 써서 놀러 다닐 수도 없고 함께 놀러 갈 친구들도 마땅치 않다.

　30대 중반 나는 나름 잘 나가는 회사를 아이를 키우기 위해 그만두었다. 아이가 둘이 있고 너무 어려 계속 일을 하기가 힘들었다. 그동안 내가 버는 월급은 거의 고스란히 베이버 시터 비용으로 들어갔다. 베이비 시터들은 사정이 자주 생겼고 새로운 베이비 시터를 구하면 아이들이 울며 출근하는 내 손을 놓지 않았고 계속 아팠다. 또 믿을 수 있는 베이비시터를 만나기도 어려웠다.

그러나 회사를 그만두고 집에서 아이 둘만 키우자 우울해졌다. 나는 회사에서 일하며 성취감을 느끼는 여자였다. 20년 가까이 그렇게 살아오기도 했다. 40대 중반 완전히 회사를 그만 둔 후 집안에서 아이만 보자 사회에서 탈락했다는 패배감이 들며 우울해졌다. 사회적으로 아무런 성취감을 느낄 수 없는 그런 상태. 경력 단절 여성이 느끼는 패배감과 우울감 말이다. 땅 속으로 파고들 것만 같았다. 30여 년 전, 대학 4학년 때도 이랬다. 깊은 우울과 패배감에 사로 잡혀 있었다.

대학교 졸업을 1년 앞두고 나는 언론사 진출을 준비했었다. 지금도 그렇지만 당시에도 신문사를 비롯한 언론사는 대학생들의 선망의 직장이었고 우리는 '언론 고시'를 준비해야 했다. 스터디에 참여해 거의 1년을 준비했고 줄줄이 떨어졌다. 7명이 시작한 언론사 스터디는 하나씩 성공해 빠져 나갔고 마지막으로 남자 선배 하나와 내가 남았다.

그 해 마지막 언론사는 우리 모두가 선망하던 신문사였고 남자 선배와 나는 필기시험을 함께 보러 갔다. 약 한 달 후 나는 친구를 통해 그 선배가 최종 합격했다는 소식을 들었다. 다른 멤버들이 하나씩 합격할 때마다 조금씩 절망하던 나는 그 소식을 듣고 눈앞이 캄캄해졌다. 인생이 패배했다는 생각이 들었다.

살이 에일 듯 춥던 겨울밤, 한강 다리를 찾아갔다. 차가운 겨울바람이 몰아치던 한강 다리를 걸어 중간에 서서 다리 아래를 쳐다보자 검은 물이 무섭게 흐르고 있었다. 저 속에 몸을 던질 용기가 도저히 나지 않았다. 그냥 돌아서 나왔다.

그리고 부모님을 졸랐다. 미국 어학연수를 다녀오고 싶다고. 목이 졸리는 듯한 패배감에서 벗어나고 싶었다. 집안 사정이 어려웠지만 나는 생각할 여유가 없었다. 당시 어머니는 아팠는데 하지만 아버지와 동생들을 설득했다. 나는 미국 이모네 집으로 가서 그곳 지역 대학 어학원에 다녔다.

영어로 배우러 간다는 목표였지만 제대로 하지 못했다. 그때도 극 I형 성격이었고 적극적으로 나서서 다른 학생들과 어울리지 못해 영어를 배우지 못했다. 결국 10개월 만에 집안에 큰일이 생겨 돌아왔다. 서울 자취방에 있으면서 숨이 막히는 듯한 우울감에 허덕거렸다.

학교 다닐 때 서서히 활성화된 인터넷으로 대학교 취업 게시판에 들어가 정보를 확인하고 대기업에 지원하기 시작했다. 그런데 다 떨어졌다. 남자 선배들은 여러 개 회사를 지원해 합격통지를 받은 후 하나를 골라 가던 시절이었다. 나는 여자여서 서류 전형조차 통과하지 못한다고 생각했다. 결국 게시판에 올라온 회사 중 듣도 보도 못한 영문 잡지사에 지원했다.

면접을 보러 가니 사장은 무조건 합격시키는 분위기였다. 당연하다. 중도에 포기했지만 미국 어학연수까지 다녀와서 자기 회사에 지원한 사람은 나 하나였으니 말이다. 나는 영어로 듣고 유창하게 말하는 건 못한다고 밝혔지만 전혀 개의치 않았다.

사장까지 포함해 4명의 직원이 있는 회사였다. 편집장을 겸한 사장과 취재 기자 한 명, 사장의 친척인 경리와 그리고 나였다. 나에게는 외국 매체 기사 스크랩과 인터뷰 일정 조정을 시켰다. 그리고 사장이 인터뷰 나갈 때 카메라를 쥐어 주며 말했다. 사진을 찍으라고. 주로 외국 대사를 만나는 인터뷰 자리에 가서는 나를 사진 기자라고 소개했다.

사장이 시키는 일들은 전통 언론이 하는 일이 아니었고 구질구질했다. 나는 취재를 뺀 온갖 잡스러운 일들을 다 했고 월급은 작았다. 용산에 있었던 사무실 옆 식당에서 나는 누릿한 육개장 냄새를 맡으며 매일 나는 비참했다. 하지만 나는 그곳에서 3년을 버텼다. 이곳을 그만두면 갈 곳이 없는 우울감에 다시 빠질 것을 알았고 적지만 버는 돈이 좋았다. 돈을 버는 일이 내게 피를 돌게 했다.

50대인 나도 적은 돈이나마 벌고 싶었다. 돈을 벌며 패배감과 우울감을 벗어나고 싶었다. 아직 뭔가를 할 체력은 충분하고 노후 준비도 생각났다. 그래서 생각하고 생각하다 알바를 해야겠다고 결심했다.

핸드폰에서 알바를 중개하는 앱을 다운로드하여 들여다보니 첫 화면에 대형 물류 센터 알바 여러 개가 번쩍거리고 있었다. 다른 건 거의 보이지도 않았다. 50대 여자로 회원 가입해서 그러리라는 생각이 들었다. 그러나 그 알바는 힘들다고 소문이 나 있는 자리였다. 나는 망설였다.

요양 보호사 자격증이 없어 돌봄 일을 할 수는 없었다. 식당 알바도 여러 개 보였지만 하지 않기로 결정했다. 20여 년 집안일을 했는데 또 비슷한 일을 하고 싶지 않았다. 손가락으로 화면을 내려 몇몇 콜센터 구인 광고를 찾아냈다. 월급은 나쁘지 않았지만 매일 출근을 해야 하고 하루 종일 전화 응대를 해야 한다. 긴가민가했다.

그러다가 지역 기반 물물 판매 앱에서도 알바 자리가 올라온다는 생각이 났다. 얼른 들어가 검색어에 '알바' 쳐 넣으니 진짜 몇 개가 떴다. 대부분이 작은 공장 포장 알바였다. 왜냐하면 나는 경기도 외곽의 도시에 살고 있기 때문이다. (서울에 산다면 그렇지 않으리라 생각한다)

하루 8시간 근무에 일당 10만 원이라는 돈도 나쁘지 않았다. 일 소개에 어렵지 않은 포장일이라는 내용이 있어서 알아보겠다는 심정으로 공장에 전화를 했다. 그러나 전화를 받은 이는 공장이 아니라 인력 알선 업체였다.

20대 영문 잡지사에서 우울하게 지내던 어느 날, 나는 다른 회사를 알아보기 시작했다. 그때는 3년 차, 나는 더 이상 참을 수가 없었다. 같이 졸업한 대학 과 동기들은 이미 직장에 안착해 연락을 해 왔다. 열등감에 연락을 받지 않았다. 대학교 취업 게시판도 자존심 때문에 들어가지 않았다. 대신 신문에 나는 채용 공고를 보기 시작했다. (당시에는 종이 신문에 기업 채용 공고가 많이 올라왔다)

한국 대기업은 포기하고 외국계 회사만 지원했다. 당시 외국계 회사들은 한국 회사들보다 연봉도 높고 근무 환경도 훨씬 좋았으며 남녀 차별을 하지 않아 여자 동기들 사이에서 선망의 대상이었다. 그러나 나는 영어도 잘 못하고 경력이 좋지 않아 마음을 졸였다.

신문에서 운 좋게 작은 미국계 회사를 발견하고 지원을 했는데 다행히 면접을 보라는 연락이 왔다. 특급 호텔 비즈니스 룸에 면접을 보러 가니 대기실에 10여 명이 있었다. 정장을 빼입은 그들은 유창하게 영어를 중얼거리고 있었다. 나는 움츠러 들었다.

나도 준비해 온 자기소개를 영어로 중얼거리며 연습했다. 그때 옆에서 내 나이 또래로 보이는 남자 하나가 사람 좋은 얼굴로 웃으며 '뭘 그렇게 열심히 해요!' 말하며 설렁거리고 있었다. '저런 미친놈!' 하고 속으로 욕했다. 그가 나중에 회사에서 보는 Y였다.

다행히 면접은 일대일로 이루어졌다. 면접장 안으로 들어가니 외국인 한 명과 중년의 한국 남자가 있었다. 영어로 하는 자기소개는 준비한 대로 유창하게 했지만 외국인 면접관이 묻는 영어 질문에 버벅거리며 대답을 잘하지 못했다. 그러자 외국인이 한국인 면접관에게 뭐라고 속닥대며 웃었다. 나는 비웃었다고 보고 이번에도 안 됐다고 생각했다.

그런데 전화를 받았다. 합격한 거다. 나중에 들어 보니 면접 본 이들 중 내가 영어를 두 번째로 못했다. (Y가 제일 못했다) 그러나 그들은 영문 잡지사 기자 경력을 가장 후하게 보았다. 찌질하고 구질구질한 경력 때문에 나는 합격했다.

공장 알바라! 이건 찌질하고 구질구질한 일자리이다. 나는 콜센터 자리와 저울질을 시작했다. 콜센터라면 사무직이다. 나는 오랫동안 사무직 일을 해서 공장 알바 같은 육체노동을 비하하는 마음이 있었다. 공장 알바 다닌다고 남들이 비웃을까 걱정이 되었다. 통화에서 정 부장이라고 자신을 소개한 인력 알선 업체 직원은 매일 출근하지 않아도 되고 원하는 날에만 일할 수 있으며 일은 얼마든지 있다고 말했다.

진짜 고민했다. 그러나 콜센터에 하루 종일 앉아 전화를 받으며 뱃살이 느는 것보다 힘들더라고 몸을 움직이는 게 건강에 좋을 것이라는 생각도 들었다. 나는 육체노동을 하기로 결정했다.

## 공장 알바 첫날,
## 외제차를 끌고 나오는 여사님들
### 우리가 가진 편견

알바를 하겠다고 얘기하자 정 부장은 공장에는 어떻게 오느냐고 물었다. 나는 인력 운반 차량이 없느냐고 물었고 정 부장은 있다며 운반 차량이 픽업하는 주소를 문자로 알려주겠다고 하고 전화를 끊었다.

그런데 5분 만에 다시 전화가 왔다. 그 공장은 조금 전에 알바 인력이 다 차서 다른 공장을 소개해주면 안 되겠냐고. 다른 공장은 8시간에 10만 원이 아닌 내려간 일당이었고 나는 기분이 확 나빠졌다. 정 부장은 다른 공장 일이 더 쉽고 유명 아이돌 음반 포장 업무라고 꼬셨다. 내려간 일당이 여전히 최저 시급보다는 높은 점도 괜찮았고 나는 한번 연결된 기회를 그대로 놓치긴 아쉬웠다. 한 번만 속아 보자는 심정도 들어, 가겠다고 알렸다.

주소를 받고 다음날 아침 운반 차량이 픽업하는 장소에 도착했다. 그런데 운반 차량이 출근 시간보다 10분 늦게 도착했다. 나는 기가 막혔지만 운반 차량을 운전하던 정 부장은 웃으며 괜찮다고 하였다. 차량 안에는 2명 정도 내 나이 또래 중년 여성 (아줌마 혹은 여사님)이 더 있었고 우리는 함께 아이돌 음반 포장 공장에 도착했다.

버스도 잘 안 다니는 외곽 지역 논밭 가운데 몇몇 작은 공장들이 있었고 그중 하나가 우리가 가는 아이돌 음반 포장 공장이었다. 제법 큰 포장 회사인데 대형 창고형이었다. 공장 입구로 들어가는데 그 앞 공터에 대형 운반 트럭도 서 있었지만 자동차들이 20여 대 서 있었다. 그중에는 벤츠, BMW 등 반짝이는 외제차들도 몇 대 있었다. 처음에 나는 회사 대표나 임원들 차인 줄 알았다.

그러나 함께 탄 다른 아줌마들이 차를 보며 '누구누구 왔네' 하고 말했다. 나는 내 귀를 의심했다. 나는 공장 알바 다니는 아줌마들은 다 형편이 어려운 줄 알았다. 그건 내 생각을 뒤집는 일이었다.

20대 입사 통지를 받고 회사에 처음 출근하였을 때에도 생각이 뒤집혔다. 나는 미국 회사로부터 합격 통지를 받고 너무나 기뻤다. 세상이 온통 무지개 빛이 되었다. 그런데 회사 주소를 받아보니 용산 전자 상가 2층에 있는 작은 사무실이었다. 출근 첫날, 알려준 회사 주소 사무실 앞에 도착하니 작고 허름한 회사였다. 낭패감을 느끼며 문 앞에 서서 '여기가 맞아!' 하고 주소를 잘 못 본 게 아닐까 내 눈을 의심했다.

그런데 저 쪽에서 사람 좋은 얼굴로 웃으며 오는 남자가 있었다. Y였다. 나는 '왜 저 남자가 여기에?' 하는 얼굴로 쳐다봤는데 Y는 옆으로 오더니 큰 목소리로 말했다.

'뭘 그렇게 서 있어요? 들어갑시다!'

헐! 나는 '여기 합격했어요?' 하고 물었고 Y는 '당연하죠!' 하고 말하더니 사무실 문을 열어줬다. '남들 영어로 연습할 때 놀기만 한 사람이 합격했다고?!' 나는 Y의 뒤통수를 노려보며 들어갔다.

문을 열고 들어서니 일용직 건설 노동자 차림의 중년 남성이 서 있었다. 다소 누렇게 색이 바랜 하얀 줄무늬 와이셔츠, 헐렁한 회색 양복바지 밑단을 하얀 양말 속으로 쑤셔 넣고는 싼티나는 사무실용 슬리퍼를 발에 꿰차고 있었다.

'아이구! 신입 출근 하셨구먼!'

구수한 시골 아저씨 말투였다. '누구야!' 하고 쳐다보다 다시 보니 특급 호텔에서 면접을 본 한국인 사장이었다. 그땐 지금과 판판으로 명품 브랜드가 빛나는 양복을 차려입고 있었다.

허름한 사무실, 허름한 옷차림의 사장을 보고 나는 급속히 실망했다. '잘 못 온 거 아닌가!' 하고 속으로 생각했다. 그런데 그 뒤로 백인 남자가 나오더니 유창하게 한국말로 말했다.

'우리 잘해 봅시다!'

면접에서 본, 본사에서 온 백인이었다. 그의 유창한 한국말에 내가 놀랐다. 이후 30대 여성이 나를 맞으며 자기 앞자리를 알려 주었고 자리에 앉으며 나는 잘못 온 건 아니라는 걸 알았다. 30대 여성은 나의 상사인 마케팅 과장이었다.

회사에는 약 10 명이 있었다. 나를 면접했던 외국인은 미국 본사에서 파견 나온 백인이었고 한국말도 잘했다. 한국에서 선교 활동을 했다고 했다. 그는 한국어로 자신을 부사장이라고 부르라고 했다. 한국인 사장은 IT와는 거리가 먼 사람이었다. IT 용어는 거의 모르고 영어도 못했다. 속으로 '어떻게 저런 사람이 미국 회사 한국 사무실 대표가 됐지?' 하고 생각했다.

나는 홍보일을 맡아 마케팅 부서 소속이 되며 대리 직급을 달았다. 내 위로 있던 마케팅 과장이 먼저 채용되었고 영어를 유창하게 했다.

그런데 당황스러웠던 것은 사무실 안에 상사인 과장을 빼고 영어를 잘하는 사람이 거의 없다는 점이었다. 나와 함께 들어온 영업부 직원 Y는 나보다 영어를 못 했다. 5명이었던 기존 직원들은 모두 한국인 사장 계열이었다. 그들도 IT 분야를 전혀 몰랐고 나중에 들으니 대학을 졸업한 이도 없었다. 한국인 사장도 대학 졸업장이 없는 사람이었지만 미국인 부사장과 친한 사이였다. 선교 활동을 하던 당시 친해진 사이라고 했다.

그러나 사태는 금방 변했다. 3개월 후 회사 사무실을 옮긴다는 얘기를 들었다. 시청 근처의 유명한 건물로 옮긴다는 거다. 그런데 여기 사무실 직원을 모두 데리고 가지는 않는다고 미국인 부사장이 말했다. 한국인 사장은 가지 않는다고 말했지만 표정이 나쁘지 않았다. 본사가 미국의 큰 IT 하드웨어 회사에 합병된 것이다. 옮기는 사무실은 합병한 회사의 한국 법인이었다.

새로운 회사의 시청 근처 사무실로 출근하니 Y와 엔지니어 P가 나와 있었다. 나머지는 모두 해고당했다고 불쌍하다는 듯 합병한 회사 직원들이 말했다. 출근한 두 사람과 함께 점심을 먹으며 얘기하는데 놀랍게도 한국인 사장 계열 직원들이 모두 엄청난 돈을 벌었다고 했다. 그들은 미국 회사의 주식을 가지고 있었고 합병하는 회사가 세 배가 넘는 가치로 주식을 샀다고 한다.

가장 돈을 많이 번 사람은 한국인 사장이었다. 작은 미국 회사가 한국 법인을 설립할 때 한국인 사장이 자본을 투자하며 스탁 옵션을 걸었다고 한다. 미국인 부사장이 알려줘서 그에게도 돈도 빌려 줬으며 사장과 아는 사이였던 나머지 직원들도 주식을 사 두었다고 한다. 나를 포함해 새로 채용된 직원들은 모르는 내용이었다. 엔지니어 P는 한국인 사장 계열이라 처음부터 알고 있었다. 전형적인 용산 공돌이 차림에 말투도 어눌했던 P도 돈을 벌었다고 말했다. IT 회사 주식이 가파르게 오르던 시절이다.

일용 건설 노동자 같은 차림새로 IT 용어는 하나도 아는 게 없는 채 웃는 얼굴로 사무실을 어슬렁거렸던 한국인 사장이 떠올랐다. P의 말로는 그가 서울 시내에 건물을 하나 샀다고 했다. 겉모습에서는 하나도 떠올릴 수 없지만 그가 떼부자였다. 영리하게 계산해서 투자할 줄 아는 현명한 사람이었다. 그리고 상사를 젖히고 나를 합병한 회사에 추천한 이도 한국인 사장이었다고 알려줬다. 한국인 사장은 직원들을 모두 데리고 새로운 회사를 차렸다고 한다. 편견을 가지면 안 된다는 걸 나는 그때 알았다.

50대가 되어서 나는 다시 편견을 깼다. 공장 알바 나오는 아줌마들도 외제차를 끌고 다니며 형편이 어려운 건 아니구나!

## 극 I가 일하는 법
### 극 I도 변한다!

공장 입구에 주차되어 있는 외제차들도 놀라웠지만 더 들어가자 유명 아이돌 음반과 화보집이 꽁꽁 비닐에 덮여 산처럼 쌓여 있는 것도 놀라웠다. 그 위에는 '절도가 발생 시 절도범에게는 무거운 형사 처벌을 부가합니다'라는 문구가 빨간 글씨로 쓰여 있었다.

당연하다는 생각을 하며 안으로 들어가자 이미 알바들이 20여 명쯤 바글거리며 서 있었다. 이들 80% 정도는 40, 50대 아줌마로 보였고 간간히 20대 여자애들이 섞여 있었다. 반장으로 보이는 직원이 알바 수를 세고 있었고 나는 늦게 도착했지만 눈치를 못 채는 것 같았다. 반장은 나까지 수를 세더니 업무 지시를 하기 시작했다.

창고 한쪽에는 물건들이 자동으로 운반되는 컨베이어 벨트가 놓여 있었다. 반장은 알바들이 서 있는 쪽에 커다란 테이블을 가져오라고 지시하더니 의자를 가져와 앉으라고 했다. 그리고 유명 아이돌의 사진을 박스째 올리고 작은 비닐 포장을 하라고 지시했다. 단 아이돌의 사진 얼굴에 절대 조그마한 흠집이 생겨서는 안 되고 한 장이라도 없어지면 안 된다고 강조했다.

다른 알바들처럼 의자를 가져다 놓은 나는 작은 포장 안에 사진을 넣기 시작했다. 일은 대단히 쉬웠고 다들 조용히 일했다. 다만 사진에 조금이라고 흠집이 생기고 구겨질까봐 조심 또 조심했다. 2시간 업무 후 10분간 휴식 시간을 주었다.

처음 온 곳이고 처음 본 사람들이라 그저 조심하자는 생각밖에 없었다. 또 조용히 핸드폰만 들여다보았다. 점심시간이 되자 스티로폼에 쌓인 도시락이 왔다. 작업대를 치워 깨끗한 종이를 깔고 다들 밥을 먹었다. 아는 알바들은 둘셋씩 서로 얘기하며 밥을 먹었지만 근본적으로 MBTI 'I형'인 나는 핸드폰만 들여다보았다. (그러나 나중에 생각하니 첫날 다른 알바들에게 말을 걸며 정보를 알아보는 건 대단히 중요한 일이다. 그런 면에서 'E형'이 유리하다)

점심시간이 지난 후 반장은 컨베이어 벨트를 돌려야 한다며 걱정스러운 표정을 지었다. 제일 앞에서 벨트 위에 올라간 포장 박스 안에 접착 스티커를 붙여야 하는데 전날 작업에서 그걸 잘 못해서 일이 많이 늦었다고. 누구 잘하시는 분 없느냐고 물었고 다른 알바들은 다들 반장의 눈길을 피하는 눈치였다.

기존 알바들은 처음 온 나에게 손가락질을 했고 반장은 나에게 해 보겠냐고 물었다. 다른 알바들이 나를 슬쩍 밀었고 극 I인

나는 못한다고 부정도 못하고 얼떨결에 그 자리에 앉게 되었다. 두려워 손가락이 떨렸다. '왜 처음 온 나한테 가장 힘든 일을 시키는 걸까?' 하는 생각조차 하지 못했다.

반장은 여전히 걱정스러운 눈빛이었지만 대안이 없었다 (나중에 알게 된 사실이지만 이 반장은 일종의 '무른' 사람 즉 쉬운 사람이었다) 컨베이어 벨트가 돌아가기 시작하고 나는 포장 박스 안에 접착 스티커를 붙이기 시작했다. 스티커가 끈적거려 손가락에 집착액이 묻어 빠르고 규칙적으로 붙이는 건 쉬운 일이 아니었다.

20대 용산 사무실에서 홍보 활동을 시작하는 것도 쉬운 일이 아니었다. 외부에 공적으로 나가는 보도 자료를 처음으로 만들게 되었다. 다행히 본사에서 온 기본 홍보 자료가 있었고 제품도 쉬웠다. 인터넷 완전 초기 개인 장비로 컴퓨터를 인터넷 망에 연결시키는 모뎀이었다. 나는 본사의 영어 보도 자료를 거의 직역하다시피 한 자료를 언론사에 배포했다. 부사장은 조그

마하게 실리기라도 하면 다행이라고 얘기했지만 나는 첫 홍보 활동이라 마음이 떨렸다.

그런데 그 보도 자료가 예상치도 못하게 지금도 유명한 신문(그 당시는 인터넷이 발달하지 않아 신문사 영향력이 지금보다 훨씬 컸다) 산업 지면에 크게 떴다. 모뎀은 당시 미국에서 들여온 개인 인터넷 장비로 최첨단이었다. 지금 생각하면 개인 컴퓨터로 인터넷을 이용하려면 화장실에서 일 한번 보고 와야 접속이 되는, 속 터지는 속도이지만 당시에는 초고속이었다. 내가 잘한 게 아니라 제품 자체가 최첨단이었다.

기사가 나간 후 사무실 모든 책상에서 하루 종일 전화벨(고맙게도 담당 기자가 기사 끝에 사무실 전화번호를 넣어 주는 파격도 행해 주었다)이 울렸지만 영업 쪽에서 준비가 되지 않아 전화도 제대로 못 받았다. Y는 내 옆으로 와서 '사고 쳤네! 사고 쳤어!' 하고 허허거리며 얘기했고 엉겁결에 나만 칭찬을 받았다. 앞으로 내 직장 생활의 운명을 밝혀주는 운이었다. 직장의 신이 도와주는. 그러나 뒤에 있던 상사의 표정은 좋지 않았다.

50대 공장 알바 첫날에도 나는 운이 좋았다. 컨베이어 벨트가 돌아가고 나는 올라오는 포장 박스 안으로 스티커를 붙이기 시작했는데 생각보다 잘 되었다. 처음 10분간도 지연 없이 해내자 반장이 조금 안심하는 눈치였다. 이후 별문제 없이 쭉쭉 스티커를 붙여 다른 작업을 진행시킬 수 있었다. 반장은 너무 안심하면서 다른 일들을 처리해 나갔다.

그렇다! 나는 어릴 때 오랫동안 배운 피아노로 손가락 근육이 발달한 거였든지 아니면 그날 굉장히 손가락 운이 좋았다. 앞으로 공장 알바의 운명을 밝혀주는 운이었다. 나는 섬세한 손가락 근육 기술로 빠르게 그날 분량의 포장을 마무리하는 데 기여했다.

오후 시간, 만들어진 시디 패키지를 포장 박스 안에 몇 개씩 담는 작업을 하는데 쉬운 일이 아니었다. 왜냐하면 패키지를 싼 얇은 비닐이 자꾸 찢어졌기 때문이다. 무른 반장은 직접 담는 작업을 했고 그 옆에서 비닐이 찢어졌는지 확인하는 검수를 하던 나는 조금씩 시간이 비었다.

포장 박스를 이동 박스에 담으면서도 반장에게는 계속 전화가 왔고 그 사이 나는 대신 그 작업을 조금씩 해 주었다. 6시 알람이 뜨자 알바들이 서서히 손을 멈추더니 반장의 눈치를 봤다. 알바들의 눈길을 한눈에 받는 무른 반장이 '수고하셨습니다! 퇴근하세요!'라고 소리치자마자 여사님들은 서둘러 가방을 챙겨 창고를 뛰다시피 나갔다.

그때까지도 반장의 일은 마무리되지 못했다. 나는 반장이 불쌍해 보여 조금 도와주며 지체했다. 아침에 함께 차를 탔던 아줌마들이 나에게 눈치를 보냈고 반장은 얼른 가라고 얘기했다. 공장을 나오는데 눈치를 주던 아줌마가 다가오더니 화난 얼굴로 얘기했다.

'처음 온 언니! 너무 열심히 일하는 거 아니에요?'

나는 실수했다는 생각이 들었다.

20대 회사에서도 나는 실수를 한 것 같았다. 2개월쯤 됐을 때 상사가 나에게 1년 마케팅 계획을 수립해 프레젠테이션 자료를 만들라고 지시했다. 그건 상사가 해야 하는 일이었다. 나는 마케팅 책을 읽어가며 2주간 밤늦게까지 사무실에 남아 영어로 기획안을 작성해 초안을 올렸다. 그런데 상사는 글자 폰트가 마음에 들지 않는다느니 크기가 맞지 않는다느니 하면서 다시 수정하라고 시켰다. 나는 마음이 쪼그라들며 시키는 대로 했다. 극I 성격 때문에 상사가 부당하게 지시한다고 생각하지도 못했다.

상사는 세 번쯤 사소한 수정을 시키더니 내가 만든 프레젠테이션 자료를 거의 초안 그대로의 상태로 가지고 부사장에게 갔다. 부사장은 만족스러운 표정을 지으며 상사에게 수고했다고 칭찬했다. 내가 했다는 말은 일도 더하지 않았다. 가까운 자리에서 그 대화를 들으며 나는 억울했다. 죽고 싶을 만큼 억울했지만 극 I형인 나는 한마디도 못하고 자리에 앉아 고개를 숙이고 있었다. 퇴근하는 버스 안에서 내가 했다고 말하지 않다니, 실수했다고 스스로를 자책했다.

50대 나이가 되어 난 달라졌다. 언니만 너무 열심히 하는 것 아니냐는 여사님의 말에 대답해 주었다.

'아... 그런가 봐요! 다음부터는 천천히 해야겠다'

극 I형일지라도 생존을 위해 유연하게 말하는 법을 알았다. 그리고 이곳에는 다른 세계가 있다는 걸 깨달았다. 아줌마들의 세계, 아니 언니들의 세계가. 공터에 주차되어 있는 인력 운반 차량으로 걸어가는데 퇴근하는 언니들이 손에 든 차키를 눌렀다. 그러자 '삐비비빅!' 일제히 소리가 나며 주차되어 있는 20여 대의 차들 헤드라이트가 번쩍거렸다.

## 걸그룹 옷차림의 필리핀인 알바
### 이주 여성의 기쁨과 슬픔

첫날 앨범 공장에서 나는 필리핀인 여성을 만났다. 오후 쉬는 시간에 작업 자리에서 일어나 편한 의자에 앉는데 우연히 한눈에도 동남아 얼굴인 젊은 친구가 옆 자리에 앉았다. 티브이에서 나오는 걸그룹 레깅스 옷차림의 그녀는 콜라를 마시며 핸드폰으로 열심히 페이스북 메신저를 들여다보고 있었다.

호기심이 발동한 나는 말을 걸었다. '어느 나라에서 왔어요?' 그녀는 필리핀에서 왔다고 대답했다.

'나 스물다섯이에요'

그녀는 한국 남자랑 결혼해 2살 아기도 있단다. 어린이 집에 아기를 맡기고 자신은 알바하러 나왔다고. 한국말을 꽤 잘했다. (사실 다른 공장에서도 외국인 노동자들을 만나는데 그녀처럼 잘하는 외국인을 본 적이 없다)

물어보지도 않았는데 남편이 잘해 준다며 BMW 자동차도 선물해 줬다고 말했다. 나는 입이 벌어졌다. 예쁘게 웃는 얼굴이 행복해 보였다.

페이스북 메신저로 누구랑 얘기하냐고 묻자 고향에 있는 동생이라고 알바해서 번 돈을 보낸다는 내용이었다. 동남아 노동자들이 한국에서 보내는 돈은 본국에서 큰 가치를 발휘한다. 한 달 동안 버는 약 200~300만 원 가까운 돈은 필리핀에서는 의사가 1년에 버는 연봉에 해당한다. 그들이 몇 달 동안 모은 돈을 보내 고향에 집이나 땅을 사는 건 흔한 일이다. 동네 사람들은 부자가 되었다고 부러워한다. 그래서 동남아 노동자들은 불법일지라도 한국에 들어오려고 기를 쓴다.

이주민 지원 단체에서 봉사 활동을 하며 만난 태국 여성이 있다. 40대인 그녀는 한국에서 일하던 친언니를 따라 15년 전 한국으로 들어왔다. 태국에서 그녀는 20대에 결혼해 딸까지 낳았다. 그런데 남편이 갑자기 아파 일을 할 수 없는 상태가 되었고 그녀는 병원비를 대야 했다. 또 아이도 키워야 했는데 태국에서는 일자리가 없었다. 친언니가 한국에 와서 돈을 많이 버는 것을 보고 그녀는 한국으로 오기로 마음을 먹는다. 그런데 가장 빠른 길이 한국인 남성과 결혼하는 방법이었다.

그녀는 태국 남편과 합의 하에 이혼을 하고 브로커를 통해 한국 남자와 계약 결혼하기로 한다. 한국 남자와는 그녀가 영주권을 얻어 한국에 들어오는 대로 곧 이혼하기로 합의했다. 그녀는 얼굴도 보지 못한 한국 남자와 결혼 서류를 만들었고 인천 공항으로 들어왔다. 공항에서 서류 속 남편을 만났다. 남편인 한국 남자는 공항에서 내일 이혼 서류를 작성하기 위해 오늘 밤 자기 집으로 가자고 말했단다.

그녀는 한국 남자의 집으로 가기 싫어 마중 나온 친언니의 집으로 가겠다고 대답했다. 그러자 한국 남자가 택시비 10만 원을 달라고 했단다. 그녀에게 10만 원은 큰돈이었다. 이미 가짜 결혼을 하기 위해 브로커에서 한국 돈으로 1천만 원 정도를 준 상태였다. 그녀는 15년 전 그때의 굴욕적인 기분을 아직도 선명히 기억하고 있었다.

다음날 한국 남자가 사는 지역 구청에 가 이혼 서류를 작성해 제출했고 바로 불법 신분이 되었다. 그러나 그녀는 불법인 채로 돈을 벌어 태국 시골에 있는 남편에게 병원비와 아이의 양육비도 보냈다. 아이는 그녀가 보내 준 돈으로 사립학교를 다니고 외국 유학도 갔다. 하지만 그녀는 불법이라 태국으로 갈 수가 없었다. 결국 딸이 한국으로 여행을 와 엄마를 만났다. 그녀는 딸이 직접 만들어서 준 팔찌를 손목에 차고 보여주었다.

그 얘기를 하는 그녀는 오랜 노동으로 몸이 아팠고 눈에는 눈물이 그렁그렁했다.

그녀는 태국으로 돌아가 남편을 다시 만나고 싶은 마음은 없어졌다고 한다. 너무 시간이 많이 흘렀다. 그러나 아이에 대한 그리움을 점점 더 커진다고 했다. 몸이 다 나을 때까지 그녀는 태국에 돌아갈 수 없다고 생각하고 있었다.

앨범 포장 공장 쉬는 시간 옆자리에 있는 필리핀인 알바가 핸드폰 사진 속에 있는 2살 된 아기 얼굴을 보여 주었다. 아이를 보여주는 그녀 얼굴은 환했다. 지금은 필리핀에서 온 엄마가 아이 기르는 걸 도와주고 있다고 한다.

요즘 정부에서는 한국인과 결혼한 외국인 이주 여성들이 아이를 기를 때 육아를 도울 수 있도록 본국에서 친인척을 합법적으로 데리고 올 수 있다. 그녀의 친정 엄마도 그런 경우였다. 불법인 채로 그늘에서 힘들게 살아온 태국 여성과 달리 그녀는 엄마와 함께 아기를 기르며 행복하게 지내고 있었다.

　퇴근 시간이 되자 필리핀인 친구는 급하게 공장을 나가며 자동차 키를 눌렀다. 그러자 공장 앞에 있던 외제차 가운데 빛나는 BMW가 번쩍 헤드라이트를 켰다. 그녀는 익숙하게 자동차를 타며 나에게 손을 흔들었다. 그녀가 한국에서 행복하게 살기를 바란다.

## 세상의 쓴 맛을 보다
### 반전은 항상 일어난다!

알바 언니들이 보통 차를 끌고 나와 공장 일을 하는 걸 보며 나도 가끔 몰고 다니는 경차를 끌고 다니기로 결심했다. 보통 그런 공장들은 교통이 불편한 외곽 지대에 자리 잡고 있어서 대중 교통 수단이 불편하다. 그래서 차를 가지고 다니는 알바들이 일 잡기가 훨씬 유리하다. 또 나는 일주일에 두 번만 일하기로 마음먹었다.

집에 돌아오고 나서야 오른쪽 팔이 뻐근하고 허리가 아픈 걸 느꼈다. 특히 눈이 아파 티브이를 볼 수가 없었다. 그때야 깨달

앉다. 공장에서 일할 때 포장 박스에서 나는 인쇄 화학제 냄새가 지독했음을. 몸이 아플 수 있다는 걸 생각하고 조심해서 일하자는 생각이 들었다.

이틀 후 나는 정 부장에게 문자를 보냈다. 다음날 일할 수 있냐고. 정 부장은 음반 포장 공장 알바 티오가 없어졌다고 다른 포장 공장을 알려줬다. 그 공장에 앨범이 산더미처럼 쌓여 있던 걸 생각하면 90% 거짓말이었다고 생각한다. 이번엔 화장품 포장 공장이었다.

이번에는 내 차로 가겠다고 하자 정 부장은 너무 좋아하였다. 단 작업 장갑을 챙겨 가라고 했다. 그 회사는 작업 장갑을 주지 않는 회사였다.

다음날 간 화장품 공장은 앨범 포장 공장보다도 더 큰 규모였다. 커다란 주차장에 운전해 간 경차를 쑤셔 넣고 공장 안으로 들어가자 넓은 공간에 컨베이어 벨트가 뱀처럼 구불거리고 있었다.

이 공장에도 이십여 명의 알바들이 있었는데 출근한 알바들을 체크하던 반장은 처음 온 사람을 찾았다. 내가 손을 들자 반장은 나를 데리고 안쪽 기계실로 갔다. 그곳은 컨베이어 벨트가 시작하는 곳으로 마스크 팩을 빼곡하게 넣는 기계가 있었다. 세 대가 나란히 있었고 세 명의 노동자가 지키고 서 있었다. 그중 한 대에는 동남아 여성이 서 있었다. 나를 안내해 간 기계에는 숙련자로 보이는 30대 여성이 서 있었고 나에게 간단히 기계 안에 마스크 팩을 넣는 방법을 알려주었다.

나는 지금도 그곳을 기억하기가 싫다. 왜냐하면 기계가 돌아가는 순간부터 지옥 같았기 때문이다. 기계는 엄청나게 큰 소리를 내며 돌아갔고 끊임없이 200 개들이 마스크 팩 상자가 기계 옆에 쌓였다. 나는 박스를 펴고 그 안에 마구잡이로 흐트러져 있는 마스크 팩들을 정리해 기계 안으로 넣어야 했다.

기계는 빠른 속도로 돌아갔고 옆에 선 30대 언니는 속도가 느리다며, 손 방향이 잘 못 됐다느니, 손가락 각도가 잘못됐다느니, 그렇게 넣으며 포장이 찢어진다느니 분 단위로 야단을 치기 시작했다. 나는 시작한 지 10분밖에 안 됐다고 말할 여유도 없었다.

왜냐하면 기계 너머 컨베이어 벨트 옆으로는 이십여 명의 알바 언니들이 물건을 기다리고 있었기 때문이다. 20분 만에 반장은 속도가 느리다며 다가왔고 30대 언니는 반장에게 내 앞에서 내가 너무 일을 못해 바꿔 달라고 말했다.

일을 못한다는 얘기를 나는 20대 시절에도 들었다. 시청 근처에 있던 미국 회사의 한국 법인 사무실에서 나는 마케팅 부서 '대리' 직책을 달고 일하기 시작했다. 내 옆자리에는 30대의 K 과장이 있었다. K 과장은 총판과 리셀러를 대상으로 마케팅 프로그램을 실시하는 파트너 마케팅을 했고 나는 언론사를 대상으로 하는 홍보와 고객 이벤트를 주로 하는 커뮤니케이션 마케팅을 맡았다.

K 과장은 첫날부터 나를 매서운 눈으로 노려보았다. 내가 가서 '안녕하세요! 잘 부탁드립니다' 하고 인사를 해도 들은 척 만 척 대꾸도 하지 않았다. 출근한 첫날부터 마음의 상처를 입었다. 그녀는 영업부서 직원들과는 근무 중에도 일어서서 농담을 큰 소리로 주고받으며 웃었다.

2~3일 합병한 회사의 제품 공부를 하고 나서 바로 나는 새로 출시되는 제품에 대한 언론사용 보도 자료를 써야 했다. 물론 본사에서 온 영어 자료가 있었다. 그러나 제품이 고난이도 기술의 통신 장비라 용어를 이해하는 데에도 어려움이 있었다. 어쨌든 나는 열심히 공부해 보도 자료를 작성하고 그녀에게 검토해 달라고 부탁했다. (다행히 그녀가 나의 상사는 아니었다)

K 과장은 쓱 읽어 보더니 '내가 김로운 대리님 상사는 아니잖아요. 알아서 하세요' 하고 말했다. 어쩔 수 없이 나는 바쁜 Y에게 부탁해 기술 용어들을 확인했다. 숨을 돌리고 탕비실에

서 커피를 타고 있는데 문이 열리며 K 과장의 큰 목소리가 들렸다.

'김로운 대리 어떡하며 좋아! 보도 자료 보니까
제대로 아는 게 없어. 일을 너무 못해!'

K 과장이 영업부 직원 둘과 탕비실에 들어오며 하는 얘기였다. 내가 있는 줄 미처 보지 못한 거다. 그땐 출근한 지 4일째였고 제대로 된 제품 교육을 받은 적도 없었다. 나는 온몸이 굳으며 굴욕감에 얼굴이 하얘졌다. 이런 식으로 비난을 듣는 일은 처음이었다. 그러나 극 I 성격답게 못 들은 척했다. K 과장이 앞에 있는 나를 보고 움찔했던 게 30년이 지난 아직도 생각난다. 옆에 있던 영업부 직원들은 고개를 끄덕였다.

30년 전이나 지금이나 나는 원래 못한다는 말을 듣기 싫어하는 자만감이 있다. (세상에는 못 해도 되는 일이 있다는 진리를 허용하지 못하는 편이다) 마음이 움츠러들었다. 화장품 포장 공장에서 반장은 오전만 그대로 하고 오후에 바꾸자고 말했다.

정신없이 오전 시간이 흘러 점심시간이 되었다. 그 공장에는 자체적으로 작은 식당이 있었다. 식당에는 알바들이 바글거렸고 테이블에 두셋씩 식판에 밥을 받아 수다를 떨며 식사를 했다.

나는 식판에 밥을 받고 아무도 없는 구석 테이블에 앉았다. 맞은편 테이블에는 사수인 30대 언니가 다른 언니들하고 밥을 먹으며 얘기하고 있었다.

'오늘 처음 온 알바가 일을 너무 못하는 거야.
내가 반장 언니한테 얘기해서 오후에 바꾸기로 했어!'

사수 언니는 주변 다 들으라고 큰 소리로 말했고 옆의 알바들이 불쌍하게 나를 쳐다보았다. (아닐 수도 있지만 그렇다고 느꼈다) 나는 입에 넣고 씹던 쌀알이 돌처럼 느껴졌다. 왜 그녀는 나한테 이렇게 못되게 굴까? 다른 사람들 앞에서 왜 나한테 망신을 줄까?

오후에 다시 기계의 굉음이 시작되어 정신없이 마스크 팩을 정리해 기계 안에 집어넣었다. 얼마 지나지 않아 반장이 와서 보더니 아무 말없이 그냥 갔다. 사수 언니가 반장을 따라갔다가 다시 돌아왔다.

그때부터 사수 언니가 야단을 치지 않았다. 6시까지 일이 계속되는데 중간에 손이 좀 느려지는 듯하면 옆 기계에 있던 동남아 언니가 와서 도와주었다. '딸(잘) 한다'고 얘기도 해 주었다. 그래도 서글픈 마음이 가시지 않았다. 사수 언니가 나한테 조금 친절하게 가르쳐 줄 수도 있고 10분만 기다리면 나도 컨베이어 벨트 돌아가는 속도를 따라잡을 수 있을 텐데 왜 기다려 주지 못할까?

20대 회사의 K 과장도 내 인사를 받아 줄 수도 있고 조금 친절하게 얘기할 수도 있었는데 왜 못되게 굴었을까? 왜 나에 대한 험담을 하고 다녔을까? 20대 내가 일하던 회사에서 K 과장은 합병한 회사 한국 법인의 멤버였다. 기존 멤버들을 주도하는 여론 형성자였다. 흡연이 회사에서 허용되던 그때, K 과장은 담배도 피우지도 않으면서 자주 영업부 직원들과 흡연 장소로 갔다. 담배 피우지 않는 나는 따라갈 수 없었다. 그렇게 이후로 기존 멤버들은 나에게 말을 걸지 않았다.

그러나 다음날 아침 사태가 변했다. 주요 조간신문 산업면에 내가 배포한 보도 자료가 일제히 기사가 되어 실려 있었다. Y는 내 곁으로 와 K 과장 들으라는 듯 큰 소리로 말했다. '사고 쳤네! 사고 쳤어!' 내가 잘한 것만은 아니다. 제품 자체가 중요한 기술을 장착하고 있었다. 그리고 전화를 한 기자가 내게 말했다. '보도 자료가 쉬워서 기사 작성하기가 좋더라고요.' 이후 기자들은 내게 전화를 자주 걸었다.

화장품 포장 공장에서도 오후 일은 쉬워졌다. 시계가 6시를 가리키자 기계가 멈췄다. 사수 언니가 나를 노려 보더니 얼른 퇴근해 버렸다. 퇴근해 구석에 주차한 차를 타고 시동을 걸어 다른 차들이 나가는 걸 기다리는데 눈물이 흘렀다. 정 부장에게 전화를 해 다시 하지 않겠다고 말했다.

그런데 5분 만에 모르는 번호로 전화가 왔다. 같은 인력 알선 업체 김상무라고. 앞으로는 자기가 나를 담당할 거라며 첫날 갔던 앨범 포장 회사로 가 달라고 말했다. 거기 회사에서 나를 좋게 봤다고, 쉬운 일을 맡길 거라고 서글서글하게 부탁했다. 반전은 항상 일어난다!

## 여자 화장실에 붙은 인력 배가기 광고

### 때론 의리가 돈보다 중요하다!

다시 알바를 하기로 마음을 바꿨다. 아이돌 앨범 포장 공장에 출근하자 무른 반장이 나를 다른 건물로 가라고 일러 주었다.

다른 건물에 있는 메인 창고는 상당히 컸고 아침에 출근했을 때 이미 30여 명의 알바들이 컨베이어 벨트를 따라 준비하고 있었다. 하지만 나는 김상무의 말대로 별도의 작은 사무실 건물 작업실로 들어갔다.

컨베이어 벨트가 없는 작은 작업실이었다. 네 명의 아줌마들이 큰 작업대를 사이에 두고 이미 일을 하고 있었고 나에게 한 자리를 내 주었다. 우리는 어린이용 영어 교재 시디 포장을 시작했다. 빠르게 손을 놀리던 다른 아줌마들은 5분 만에 처음 온 알바가 느리다며 또 야단을 쳤다. 왜 이런 알바를 보냈냐며 쑥덕거리며. 나는 영문을 몰라 주눅이 들었다. 그때 회사 사무직 직원으로 보이는 사람이 나타나 일 잘하는 여사님을 부사장님이 부른다고 찾았다.

그러자 네 명의 아줌마 중 한 명이 일어서서 자기냐며 부사장이 일하는 자리를 묻고는 갔다. 그런데 5분도 안 돼 아줌마가 돌아오더니 나를 툭 치고는 부사장님이 찾는다고 말했다. 다른 세 명의 아줌마들이 손을 멈추고 일제히 눈이 커져 나를 쳐다보았다.

나는 부사장이 일하는 작업장으로 찾아갔다. 그곳은 컨베이어 벨트 없이 기계가 주로 돌아갔다. 부사장은 친절하게 나에게 일을 알려주며 급하지 않게 일하도록 속도를 조절해 주었다. 점심

시간, 공장 자체 식당에서 아침에 만난 다른 아줌마들을 다시 마주쳤고 그녀들은 나에게 이것저것 식사를 권했다. 웃는 얼굴로.

저녁에 퇴근할 때 김상무와 통화하게 되었다. 김상무는 지난번 일했던 무른 반장이 부사장에게 나에 대해 말했고 그래서 부사장이 나를 특별히 보고 싶다고 말했다고 알려 주었다. 이후 나는 한 번 더 이 공장으로 일하러 나갔다.

다음번에는 메인 공장에 갔다. 컨베이어 벨트 중앙 공간에는 유명 아이돌 앨범과 화보집, 팬용 다이어리, 각종 멤버 포토가 산처럼 쌓여 있었다.

아침에 출근해 30여 명의 알바 아줌마들 사이에 껴서 반장 언니의 지시를 들었다. 제2 창고의 무른 반장과는 달리 목소리가 크고 카랑카랑한 쎈 언니였다. 반장 언니는 이미 익숙한 듯 알바들의 이름을 부르며 자리를 배치했고 나는 처음 왔다며 화보집 나르는 일을 시켰다.

나는 흑인 남자 옆에서 일하게 되었다. 본격적으로 일이 시작되자 컨베이어 벨트는 무서운 속도로 돌아갔고 알바 언니들은 빠른 속도로 일을 해 나갔다. 컨베이어 벨트에서 흰 연기가 나는 듯했다. 나는 무거운 화보집을 들어서 컨베이어 벨트 자리에 앉은 알바 언니에게 가져다줬는데 무겁기도 했지만 계속 앉았다 일어났다해서 허리가 아팠다. 돈을 버는 이상 감수해야 하는 고통이다.

그러다가 같이 물건을 나르는 일을 하는 다른 아줌마랑 친해졌다. 눈에 반짝이 화장을 하고 옷도 예쁘게 차려입은 언니였다. 점심시간에 함께 밥을 먹으며 얘기하니 하루 먼저 이곳에서 일하기 시작했다고 말했다. 자신을 40대라고 밝히며 아이들이 다 커서 집안일이 없어 나왔다고. 꿈이 있다며 요양 보호사 자격증을 딸 생각이라고 말했다. 그래서 사실 학원에 가기 위해 주중에는 일하지 않고 주말에만 일하고 싶다고.

그리고 재밌는 얘기도 들려주었다. 김상무가 보내는 공장 중에 여기처럼 아이돌 앨범 포장 공장이 있는데 거의 모든 알바 언니들이 가고 싶어 하는 곳이란다. 알바 언니들의 전설의 일터. 그곳에서는 반장이 없이 알바들이 공정을 조직한다고 자신도 거기 가고 싶다는 얘기였다.

점심 식사 후 화장실에 갔는데 변기칸 문 앞에 붙은 안내문에 눈이 커졌다. '직접 알바 (직알바) 하기를 원한다면 반장에게 말씀해 주시길 바랍니다. 전화 000-0000.' 일종의 스카우트 제의였다.

20대 회사에서 나는 스카우트 제의를 받았다. 내가 쓴 보도 자료가 일제히 거의 모든 신문 지면에 오르면서 나는 기자들의 주목을 받기 시작했다. 더군나 이 회사는 미국에서 떠오르는 첨단 기술로 한국에서도 비상한 관심을 받고 있었다. 성공적인 첫 언론 노출에 아마 외국계 회사 인원을 스카우트하는 헤드헌트들도 주목을 했나 보다.

옮긴 지 얼마 되지도 않았는데 나는 헤드 헌트의 전화를 받았다. 점심 때 근처 식당에서 잠시 만나자고. 관심을 보이는 회사가 있다고. 나는 무슨 얘기인지 잘 이해도 되지 않았지만 만났다. 헤드 헌터는 같은 업계 경쟁사라고만 밝히며 내게 더 높은 연봉으로 옮길 것을 제안했다. 나는 대답을 하지 못했다.

사무실로 돌아오며 '그곳으로 옮기면 K 과장을 안 봐도 되는데…' 라는 생각을 했다. 그런데 영업부 S 부장이 잠시 나를 보자며 작은 회의실로 불렀다. 그는 K 과장과 마찬가지로 기존파로 가장 직급이 높은 이였고 영업부에서 카리스마를 발휘하고 있었다.

문을 꼭 닫은 작은 회의실에서 S 부장은 나에게 혹시 스카우트 제의를 받았느냐고 물었다. '어떻게 알았지?' 속으로 놀라며 엉겁결에 그렇다고 대답했다. '어떻게 아셨어요?' 하고 묻자 영업부 전원도 그런 제의를 받았다는 거다. 당시 한국 IT 업계는 인터넷의 발달에 따라 급속히 성장하고 있었는데 그런 시장을 잡으려고 미국 IT 장비 회사들이 빠르게 한국에 들어오고 있었다. 내가 다닌 회사도 그런 회사 중 하나로 경쟁사도 얼마 전 한국 법인을 설립했단다. 그런데 지금 회사보다 한발이 늦어 업계 경험이 있는 인원들을 확보하는 데 어려움을 겪었고 헤드헌터를 통해 무차별 스카우트 제의에 나선 거였다.

S 부장은 그런 제의에 응하지 말라고 부탁하였다. 새로운 회사를 선택한다는 게 어떤 의미인지 나는 알고 있었다. 만약 다른 곳으로 옮긴다면 다시 적응을 위해 몸부림을 쳐야 한다. 지금도 제대로 적응을 못해 힘들지만 다른 곳에서 또다시 처음부터 시작할 수는 없었다. 또 나를 선택해 준 당시 회사에 대한 고마움도 있었다. 의리를 지키기로 하고 나는 헤드헌터의 전화를 받지 않았다.

그러나 당시 약 5명의 영업부 직원 중 2명이 회사를 그만두고 경쟁사로 갔다고 점심을 함께 먹으며 Y가 알려 주었다.

Y는 그런 제안을 못 받았는데 네가 받았냐고 '사기 아니냐?' 며 놀렸다.

'참 희한한 스카우트도 있네!' 앨범 포장 공장 여자 화장실 변기칸 문 앞에 붙은 채용 광고를 보며 나는 중얼거렸다. 인력 알선 업체 김상무 생각이 스쳤다. 회사에서 직접 고용하는 알바를 직알바라고 한다. 나처럼 인력 알선 업체를 통하게 되면 업체는 인당 수수료를 받는다. 직알바를 하게 되면 인력 알선 업체는 돈을 벌지 못한다.

앨범 포장 공장의 다른 알바들에게 물어보니 일당은 같으나 직알바는 주휴 수당을 받아 금액이 더 많았다. 그리고 직알바도 많았다. 나는 망설였다. 친해진 반짝이 눈화장 언니는 직접 반장에게 물었나 보다. 오후 휴식 시간이 끝나고 일이 다시 시작되었는데도 돌아오지 않고 반장과 얘기를 하고 있었다.

퇴근 길에 반짝이 눈화장을 한 언니에게 물으니 반장이 자신에게 일을 잘한다고 칭찬했다며 직알바 신청을 하겠다고 말했다. 그때 말하는 언니의 얼굴엔 자부심이 넘쳤다. 하지만 나는 김상무가 고마워 가지 않기로 했다. 때론 의리가 돈보다 중요하기도 하다.

## 혼자 서서 먹는 밥
### 그때나 지금이나 서럽다

며칠 후 김상무에게 알바 신청을 하며 그곳 앨범 공장에 가면 되냐고 묻자 다른 앨범 포장 공장으로 가라고 권했다. 그러면서 혹시 주말에도 알바하고 싶냐고 물었다. 그때 깨달았다. 반짝이 눈화장한 언니가 직알바를 신청했다는 걸.

물론 나는 아니었다. 내가 원래 앨범 공장에 안 보내냐고 묻자 김상무는 이젠 아무도 거기 안 보낼 거라고 말했다. 사태가 실에 구슬 꿰듯이 보였다. 거래를 끊은 것이었다.

큰 회사의 직알바를 하게 되면 한 달에 7번밖에 일을 못 한다. 알선 업체를 통하면 그 이상 할 수 있다는 판단을 하게 되어 나는 김상무를 계속 통하기로 마음먹었다. 그렇게 해서 나는 다른 앨범 포장 공장으로 가게 되었다. 그곳은 또 다른 세계였다.

마찬가지로 아이돌 앨범 포장 공장은 논밭 한가운데 있었고 커다란 창고가 2개 있었다. 반짝이 눈화장 언니가 알려주던 전설의 공장이었다. 그곳에만 가는 알바 언니들이 있고 왕언니들이 공정을 조직한다고.

출근하자 공장 앞 공터에는 20여 대의 자동차가 주차해 있고 그중 몇 대는 외제차였다. 9시 출근 10분 전이었는데 공장 안으로 들어가니 내가 제일 마지막이었다. 30여 명의 알바들이 우글거리고 있었고 그중 몇몇이 창고 안 컨베이어 벨트 옆 의자에 앉아 있었다. 내가 문으로 들어가자 맞이한 사람은 나보다 나이 많아 보이는 여자(왕언니)였다. 여유 있어 보이는 옷차림에 작업용 앞치마를 하고 있었다.

'여기 처음 왔어요?' 묻더니 나를 좀 한심하다는 눈빛으로 쳐다봤다. 그때 나는 그 눈빛의 의미를 몰랐다. 내게 출근부를 내밀며 서명하라고 하고 가방을 넣어두는 사물함을 알려 주었다. 가방을 사물함에 넣고 작업장으로 돌아가자 벌써 커다란 작업대 2개에는 알바들이 둘러앉아 포장 박스를 접고 있었다.

그런데 알바들이 빼곡히 앉아 자리가 없었다. 내가 머뭇거리자, 왕언니가 나를 보더니 의자를 찾아 가져와 앉으라고 했다. 나는 얼른 의자를 찾아 공장 안을 돌아다녔지만 보이지 않았다 (작업용 의자가 없는 회사라니 한심하기도 했다). 겨우 구석에서 휘청거리는 학습용 의자를 찾아내 가져가 왕언니가 있는 작업대에 빈틈을 찾아 앉았다.

의자가 기울어져 몸이 휘청하자 서러운 마음이 들었다. 왕언니가 '좀 가르쳐줘!' 말하자 왕언니 옆자리에 앉은 언니(시녀 언니)가 오더니 내게 포장지 접는 법을 알려 주었다.

'이렇게 이렇게 하면 돼요. 한번 해 봐요!'

복잡하지는 않았지만 한눈에 익히기에는 조금 버거웠다. 나는 포장지를 접다 버벅거렸다. 그러자 시녀 언니가 바로 잔소리를 했다.

'어머! 이 언니 너무 못한다!
이렇게 이렇게 하라니까. 이것도 못 해요?'

마음을 졸이며 겨우 따라 했다. 그런데 왕언니가 보더니 10분도 되지 않아 말했다.

'새로 온 언니 너무 못한다. 안 되겠다.
가서 포장지나 날라요.'

맞다. 작업대 옆에는 시디 박스를 만드는 포장지가 산처럼 쌓여 있었고 남자 알바들이 나르고 있었다. 할 수 없었다. 나도 자리에서 일어나 무거운 포장지를 날랐다. 그러나 몸을 움직이는 일이라 나쁘지 않았다.

오전 내내 포장지를 계속 날랐다. 허리와 다리가 아팠지만 처음 알바 온 사람의 숙명이라고 받아들였다. 일의 흐름에 방해되지 않도록 눈치를 보며 일했다. 허리가 많이 아파질 무렵 갑자기 작업대 언니들이 일제히 일어서더니 구석에 있는 빈 작업대로 몰려갔다.

일부는 작업대 위에 깨끗한 종이를 깔고 일부는 출입문에 있는 스티로폼 박스들을 옮겨 가기 시작했다. 나는 팔레트(짐을 쌓아 두는 평대)에 있는 포장지를 정리하고 있었는데 작업대 위 있는 스티로폼 박스에서 맛있는 냄새가 나 점심시간임을 깨달았다.

식사용 작업대로 가니 주변을 둘러싼 30여 개의 의자에는 이미 핸드폰이나 텀블러가 놓여 있었다. 주인이 있는 자리란 뜻이다. 뷔페식 점심을 늘어놓은 언니들은 식판에 음식들을 담은 후 의자에 앉기 시작했다. 스티로폼에 담긴 반찬들은 제육 볶음 등 나름 풍성하고 맛나 보였다. 하지만 내가 식사용 작업대로 갔을 때는 모든 의자가 차 있었다. 당황스러웠다.

'자리가 없다'고 하자 왕언니가 의자를 찾아 와 앉으라고 했다. 나는 급히 여기저기 돌아다니며 의자를 찾았는데 보이지 않았다. 결국 나는 그대로 식사 작업대로 돌아와야 했다.

그 사이 뷔페식 반찬통에 남아 있는 반찬이 거의 없어졌다. 김치와 멸치만 조금 남아 있었다. 다른 알바들은 자리에 앉아 '제육 볶음 맛있다' '오늘 밥 잘됐네' 얘기하며 맛있게 먹었다. 할 수 없이 나는 식판에 밥과 김치만 놓고 서서 먹기 시작했다. 한마디 말 거는 사람 없이 다들 못 본 체했다. 눈물이 나고 서러웠다.

20대 회사에서도 점심시간이면 눈물이 났다. 회사들이 밀집해 있는 사무실 집중 구역에 있는 식당은 점심시간 사람들로 가득 찼고 나는 구석 자리에서 혼자 밥을 먹었다. 나처럼 혼자 밥을 먹는 사람은 없었다. 다들 두셋씩 앉아 얘기하며 밥을 먹었다.

사무실 안에서는 K 과장이 주도하여 나는 계속 투명 인간 취급을 당했고 아무도 나와 같이 밥을 먹으려 하지 않았다. Y는 영업직이라 평일에는 보통 외근을 나가 있었다. 멋모르고 점심시간 때맞춰 식당에 온 나는 수많은 회사원들 사이에서 혼자였다. 눈물을 훔치며 밥을 먹은 다음 날부터 나는 점심시간을 피해 30분쯤 늦게 식당으로 갔다. 아니면 분주한 식당가를 피해 멀리 걸어가 사람들이 보이지 않는 식당에서 밥을 먹었다.

혼자 서러움을 먹으며 생각했다. 'K 과장은 왜 나한테 이렇게 못되게 구는 걸까? 내가 아무것도 잘못한 게 없는데... 왜 무조건 나를 무시하며 투명 인간 취급할까?' 나는 이해할 수가 없었다. 마음이 지옥 같았다.

50대 공장에서도 똑같은 마음이 들었다. '왜 왕언니들은 나에게 못되게 구는 걸까? 나한테 점심시간을 가르쳐 주는 게 뭐가 힘든 일일까? 왜 나한테 의자 하나쯤 어디 있는지 가르쳐 주지 않는 걸까? 왜 나를 없는 사람 취급하는 건가?' 20대 때와 똑같이 억울하고 서러운 마음이었다.

# 공장 왕언니들의 세계
## 회사에도 왕언니가 있다

겨우 밥만 먹고 공장 앞마당 빈 팔레트 위에 앉아 쉬는데 저쪽에 몇몇 무게감 있어 보이는 언니들이 모여 수다를 떨었다. 시녀 언니가 종이컵 커피를 타와 왕언니에게 내밀고 다른 언니들도 왕언니에게 가져온 떡 등을 권하며. 떡을 가져온 언니가 왕언니에게 말했다.

'이거 좀 먹어봐! 좋은 찹쌀로 해서 맛있어!'

왕언니가 떡을 집자 떡을 권한 언니는 망설이는 얼굴로 말을 더했다.

'저기! 언니! 나도 컨베이어 벨트 자리에 앉고 싶은데…'

떡언니는 민망한 얼굴이었지만 메시지는 분명했다. 왕언니는 대답했다.

'생각해 볼게!'

그렇다! 왕언니는 권력자였다. 알바들 공정 프로세스를 조직하고 있었다. 오후에 왕언니가 컨베이어 벨트 앞자리에 앉아 벨트를 돌리기 시작했다. 왕언니의 지시로 나는 팔레트에 쌓인 시디나 화보집을 컨베이어 자리에 날랐다.

화보집은 하얀색 커버였고 왕언니는 조금이라도 떨어뜨리면 안 된다고 주의시켰다. 바닥에 떨어져 뭐라도 묻으면 큰일 난다고. 아이돌 회사에서 꼼꼼하게 체크한다고 내가 변상해야 할 것이라고 말했다. 나는 어깨가 긴장되었다.

계속 나르다 보니 보였다. 컨베이어 벨트 옆 자리에도 등급이 있었다. 25명쯤 앉아 있는 자리에도 무거운 화보집을 계속 박스 안에 넣어야 하는 자리가 있고 가벼운 사진만 넣어도 되는 자리가 있었다. 무거운 화보집을 계속 넣는 자리에 있는 언니는 힘든지 인상을 썼다. 알바들이 일찍 출근하는 것도 쉬운 컨베이어 자리를 선점하기 위한 것이었다. 나중에 안 사실이지만 심지어 1시간 일찍 오는 알바들도 있다고 했다.

오후 늦게 왕언니는 컨베이어 벨트를 멈췄다. 그리곤 오늘 물량이 끝났다고 아이돌 사진을 비닐봉지에 집어넣는 작업을 하자고 말했다. 알바들이 일제히 자리에서 일어나 작업대 2개를 나눠 다시 배치했다.

이번엔 나도 재빠르게 의자를 선점했다. 다행히 작업하기 편한 의자를 잡았다. 하하하! 얇은 비닐봉지 안에 아이돌 사진을 넣으면서 왕언니와 시녀 언니들은 수다를 떨었다.

'주차하다가 사이드 미러 깨졌는데 고친 거 어제 찾았거든. 한 100만 원 나왔어'

'벤츠라 그러지.'

'남편이 하루 일해서 10만 원도 못 받는데
수리비가 100만 원 나왔다고 알바 그만두란다'

'꼭 돈 벌러 나오나? 여기 재미있는데. 어휴 그 인간들은 몰라.
맨날 집에만 있으면 뭐 하니. 우울하기만 하지.'

'남편한테 뭘 기대하냐!! 그냥 없는 게 편하다!'

이 돈 많은 언니들도 우울증을 피하려고 알바를 한다. 나는 열심히 봉투 안에 아이돌 사진을 집어넣으며 구겨질까 봐 흠이 갈까 봐 신경을 곤두세우고 있었다. 하지만 손가락에 자꾸 정전기가 일어 잘할 수가 없었다. 그걸 보더니 왕언니가 또 야단을 쳤다.

'새로 온 언니! 그래 가지고 어느 세월에 오늘 분량 맞출래!'

주눅이 또 들었다. 20대 회사에서 주눅이 들었던 게 생각이 났다.

그때 나는 K 과장에게 리셀러 (IT 네트워크 장비를 파는 대리점들) 명단을 달라고 부탁했다. 아시아 본부에서 지시가 내려온 대로 새로 출시되는 제품에 대한 세미나를 진행해야 했다.

'세미나 진행하는 데 필요합니다'

K 과장은 나를 잠시 보더니 매섭게 말했다.

'알아서 하세요! 그것도 알아서 못 해요?'

나는 얼굴이 하얘지며 주눅이 들었다. 주요한 대상자인 리셀러 명단이 없이 어떻게 세미나를 진행할 수 있을 것인가? 이건 내 개인 실적이 아니라 회사 행사가 아닌가? 말이 안 되는 상황이었다. 지금의 나 같으면 항의를 하고 회사 대표에게도 보고했을 것이다. 그러나 그때 그런 생각을 하지 못했다. 남에 대해 나쁘게 말하는 건 내 머릿속에 없는 일이었다. 결국 나는 다른 방법을 찾아야 했다.

고민을 Y에게 말하자 Y가 IT 네트워크 엔지니어들이 모여 있는 인터넷 카페가 있다는 얘기를 했다. 거기에 한번 올려 보라는 거다. 나는 너무 고마웠다. 인터넷 카페에 세미나 글을 올리자 카페 운영자가 전화를 해 왔다.

### '몇 명이나 수용하실 수 있는대요?'

나는 400명 정도 좌석이 있다고 알려 주었고 그가 웃으며 아무 걱정 하지 말라고 답했다. 경품이나 많이 준비해 달라고 부탁했다. 그러나 나는 불안했다. 과연 400명 좌석을 채울 수 있을 것인가?

사내 공지로 새로 출시할 제품과 세미나 일시, 장소 등을 알려주며 고객들에게도 알려 줄 것을 부탁했다. 그러나 영업부에서는 콧방귀를 뀌는 분위기였다. 아무런 반응도 없이 의심의 눈초리로 나를 쳐다봤다.

미국 본사에서 새로운 제품을 소개할 엔지니어가 도착했다. 저녁 식사를 함께 하는 자리에서 그는 참석자가 많을지 물어봤고 나는 대답을 얼버무려야 했다. 그날 밤 나는 극도로 불안하여 제대로 잠도 자지 못했다.

다음날 아침 일찍 호텔 세미나 장소에 가서 준비를 했다. 그런데 세미나 시작 30분 전부터 사람들이 몰려오기 시작했다. 에이전시와 함께 안내 데스크에 서 있으면서 나는 정신이 없이 바빠졌고 준비한 400개의 자료집은 순식간에 없어졌다. 세미나 시작 시간, 400개의 좌석이 가득 찼다.

본사에서 온 엔지니어가 만족한 얼굴로 제품 소개를 열정적으로 했고 조용한 세미나 장 안에서 자료집 페이지 넘어가는 소리만 사락사락 났다. 나는 가슴을 쓸어내렸다. 그때 갑자기 사무실 영업 차장, 과장들이 들이닥쳤다.

'K 통신 부사장님 어디 있어요?
사무실 전화하니까 여기 왔다는데…'

'S 전자 기술 개발부 본부장님 여기 왔다는데 몰랐어요?
그 양반 날 그렇게 안 만나더니 여기서 볼 수 있겠네!!'

영업 차장과 과장들은 분주히 그들을 찾아 나섰다. 사무실에서는 나한테 말 한마디 안 걸었던 이들이다. 그들을 만나주지도 않은 최고위급 기술자들이 여기 세미나장에 나타난 거다. 나는 그때 인터넷 카페 운영자가 한 얘기 '걱정하지 마시라'는 의미를 이해했다. 그들은 첨단 기술을 찾아 이곳에 왔다. 나중에 나타난 Y는 엄지척을 해 주었고 다음날 주요 일간지와 경제지 산업면에 주요 기사로 일제히 보도되었다. 반전이었다.

반전은 아이돌 앨범 포장 공장에서도 일어났다. 출입문 밖이 어느새 어둑어둑해져 퇴근할 시간이 됐는데 회사 사장이 갑자기 들렀다. 알바들이 웬일이냐고 수군거렸다. 사장은 작업장에 잘 오지 않는다고. 사장은 팔레트 위에 남은 시디, 화보집, 아이돌 사진들을 보면서 왕언니에게 재고가 얼마나 남았냐고 물었다. 왕언니는 당황하며 대답을 하지 못했다.

그런데 나는 기억이 났다. 아까 시디와 화보집을 나르면서 우연히 세고 있었다.

'팔레트 위에 시디 2천 개 쌓여 있었고 지금 10개짜리 20줄 남아 있으니까 200개 남았어요. 그리고 화보집은 천 개 쌓여 있었고 지금 5개짜리 20줄 남아 있으니까 100개 남았습니다. 사진은 300세트 남았어요.'

알바들이 놀라서 나를 쳐다보았다. 왕언니는 아무래도 노려본 것 같다.(그렇게 느꼈다)

# 따뜻한 언니들
### 외모와 인생의 상관 관계

며칠 후 김상무에게 알바 신청을 하니 왕언니 회사를 권하지 않았다. 아무래도 왕언니가 나를 좋아하질 않았을 것이다. 성공이 꼭 좋은 결과를 만드는 것은 아니다. 김상무는 다른 곳으로 가라고 일러 주었다. 의류 포장 회사였다.

다음날 간 의류 포장 회사를 생각하면 지금도 마음이 몽글해진다. 겨울이었지만 그곳엔 지금까지 보지 못한 따뜻한 사람들이 있었다.

소공장 밀집 지역 가운데 있었던 의류 포장 회사는 제법 규모가 컸다. 창고 몇 개로 이루어지고 홈쇼핑에서 주문받은 의류를 택배 포장하는 곳이었다. 의류 포장 회사는 처음이라 그곳으로 가라고 전화를 하는 김상무의 음성엔 걱정이 서려 있었다.

나도 또 새로운 곳에 새롭게 가서 받을 구박을 생각하며 마음을 졸였다. 포장하는 창고에는 2명의 반장 언니들이 있었고 5명쯤 알바들이 있었다. 다른 곳과 마찬가지로 3명쯤의 중년 아줌마들과 2명의 20대 여자 친구들이었다.

이런 의류 회사는 주문으로 나갔다가 다시 반품된 옷 중 깨끗한 옷들을 선별하여 다시 포장해 창고에 보관하는 일도 중요했다.(지구 환경 보호를 위해 꼭 필요한 일이다. 이상하게 다시 반품된 옷들의 90%는 포장마저 뜯지 않은 상태이다)

이런 곳에서 가장 기술은 반품된 옷들을 깨끗이 다시 접어 포장하는 기술이다. 보통은 허리 높이까지 올라오는 높은 작업대 앞에 서서 옷을 접는다.(양품이라고 한다) 두 번째는 기계와 같은 손놀림으로 택배 박스를 포장하는 일이다.

작업장에 도착하자 반장들은 처음 온 나를 걱정스런 눈으로 보다가 좀 나이 들어 보이는 언니 옆 작업대 앞에 세웠다. 반장은 친절하게 옷을 접는 법을 보여 주고 알려 주었다.

'처음이니까 빨리는 못할 거예요.
그래도 금방 익숙해져요. 일단 천천히 하세요'

머리 긴 반장 언니가 이렇게 말하자 나는 눈물이 살짝 났다. 마음 단단히 먹고 있었는데 내 마음의 얼음을 녹이는 말이었다. 반장은 내가 하는 걸 한번 보더니 사라져 줬다.

내가 다시 접는데 이번에는 옆의 언니가 슬쩍 말했다.

'(자기가 접는 걸 보여주며) 이런 식으로 하면 더 쉬워요!'

하고 일러주었다. 나는 또 눈물이 났다. 알바 세계에도 따뜻한 언니들이 있구나!

20대 회사에서도 따뜻한 언니가 나타났다. 세미나가 끝난 후 얼마 되지 않는 시점, 회사가 크게 술렁거렸다. 새로운 대표 이사가 부임한다는 소문이 돌았다.

기존 대표 이사는 K 과장과 함께 이 회사의 한국 법인을 시작한 대표였는데 미국 본사의 지시에 따라 새로운 대표 이사가 부임하였다. 그는 국내 대기업 부사장 출신 50대로 키가 크고 귀족적인 외모였다. K 과장의 얼굴은 하얘졌고 S 부장은 굳은 얼굴이 되었다.

기존파들은 더욱 자주 흡연실로 들락거렸고 나에게는 아무런 정보도 넘어오지 않았다. 가장 먼저 들리는 소문은 새로운 대표가 대단히 까다로운 사람이라는 얘기였다. 회의실의 테이블을 가장 비싼 원목 가구로 바꾸라고 지시했단다. 또한 점심 식사 후에 꼭 헬스장에서 운동을 하고 온다고 했다. 그 말을 하며 영업 사원들은 비웃었다.

당시는 운동의 중요성이 아직 부각되지 않은 때였다. 영업 사원들에게 중요한 것은 점심때 고객과 식사를 하거나 저녁 때 술접대를 하는 일이었다. 건강을 위해 무언가 하는 일은 비웃음의 대상이었다. 그때는 저녁 술접대가 고객의 주문을 받는 데 중요한 수단이었다. 또한 새로운 대표 이사가 영업을 하지 않는 사람이라고 탕비실에서 K 과장이 나 들으라는 듯 얘기했다. 영업을 하지 않으며 어떻게 회사를 이끌 수 있느냐는 말투였다.

그런데 다음날 아침, S 부장이 직원들이 모두 사무실에 있던 자리에서 큰 소리로 나에게 말했다.

'이제부터 언론사 기자에게 오는 모든 전화는 김로운 대리한테 넘기세요! 아침 간부 회의에서 대표님이 말씀하셨어요.'

그 말을 듣고 K 과장은 힐끗 나를 돌아보았고 외근을 나가려고 일어서던 영업부 직원들은 냉담한 얼굴로 지나쳐 갔다. 나중에 나는 Y로부터 그 배경을 들을 수 있었다.

지난번 성공한 세미나에 리셀러들이 참석하지 않아 아시아 본부에서 사정을 알게 되었단다. K과장이 명단을 넘겨주지 않은 탓이었다. 아시아 본부는 이미 알고 있던 한국 사무실의 분열상을 구체적으로 알게 되었고 서둘러 새로운 대표 이사를 영입한 거다.

며칠 후 대표 이사는 나와 Y를 불러 점심 식사를 같이 했다. 귀족적인 성품의 대표 이사에게는 대단히 드문 일이었다. 그 자리에서 대표 이사는 열심히 일해 달라고 부탁했다. 이후 Y와 나는 과장으로 승진했고 연봉도 올랐다. 대표 이사가 나에게는 따뜻한 언니였다.

의류 포장 회사에서는 천사 반장들과 옆자리 언니가 따뜻한 언니였다. 양품장에서 천천히 옷을 접기 시작하자 진짜 잘 접었다. 10분이 지나자 속도도 훨씬 빨라졌다. 오전 내내 양품을 하는데 즐거웠다. 바깥은 추운 겨울이었지만 작업장은 히터도 틀고 따뜻했다.

옆자리 언니는 내게 옷을 비닐 포장지 안에 넣는 법, 박스 안에 요령 있게 많이 넣는 법도 다정하게 알려주었다. 행여 실수를 하면 '누구나 처음엔 다 그렇지!' 하며 실수를 고쳐 주었다.

나는 또 눈물이 났다. 쉬는 시간에 얘기해 보니 언니는 60대였다. 나는 놀랐다. 예쁘게 화장도 하고 옷도 비록 세련되게 입고 힙한 디자인의 앞치마를 두르고 있어서 나와 같은 나이대거니 했었다.

'밖에서 일하는 데 긴장해 입고 화장도 꼭 해야지!'

언니는 알바 일하면 시간도 잘 간다며 너무 좋다고 일하러 올 때 꼭 화장을 하고 온다고 말했다. 언니보다 어린 반장들이 험한 일을 시켜도 토 달지 않고 나서서 일했다. 그날 나는 맨 얼굴에 아무렇게나 옷을 입고 있었다.

20대 회사에 다닐 때도 그랬다. 보통 기본 화장만 하고 옷장에 걸려 있던 옷 5개를 일주일 동안 돌아가며 입었다. 가장 문제는 퉁퉁한 체격이었다. 그때 나는 '내면이 중요한 거지 외모는 중요하지 않아'라고 생각했다. 스트레스가 많이 쌓여 퇴근 후 집으로 돌아가면 음식을 마구 먹었다.

친구들이 소개팅을 시켜 주곤 했는데 매번 애프터가 없었다. 그게 외모 때문이라고는 생각하지 않았다. 나도 연애를 하고 싶었는데 말이다. 살을 뺄 생각을 하지 않았다. 어쨌든 결혼을 했고 아이를 낳고 난 후에는 살이 더 쪘다.

아이들이 좀 크고 난 40대 초반 거울을 보니 이중턱을 가지고 배가 툭 튀어나온 아줌마가 서 있었다. 내 모습이기는 했지만 너무 미웠다. 이 모습으로 죽을 때까지 살아야 한다고 생각하니 이건 절대 아니었다. 나도 예쁜 모습으로 살 수 있는 거 아닌가? 그때 마음먹고 살을 뺐다. 살을 뺀 모습을 보자 나에 대한 통제력이 강해진 것 같아 훨씬 사는 데 자신이 생겼다.

공장 알바 나오면서 예쁘게 하고 나올 생각을 못 했다. 어쩌면 남들이 비하하는 육체노동이라 신경을 쓰지 않아서일 것이다. 60대 언니를 보며 나도 알바하러 올 때 옷도 멋있게 입고 예쁘게 화장을 하고 오기로 결심했다. 이 일을 잘하고 싶었고 그게 내 인생을 가꾸는 일이라는 생각이 들었다.

01. 홈쇼핑 다음 날 출고 전쟁 - 기자들과 금강산 투어
02. 까대기, 영혼 털리는 막노동 - 프로의 실력
03. 이 구역의 지배자, 김상무 - 실력이 지배자를 정한다
04. 명품 백을 사려고 알바 나오는 언니 - 화려한 얼굴에 가려진 착한 마음
05. 칼잡이 언니들 - 엔지니어계의 여신

# PART 02
# 즐거운 알바 생활

06. **못된 언니** - 그가 나쁘지 않으면 내가 나쁘다
07. **모자(母子) 알바** - 20대는 실수를 통해 배운다
08. **알바 오빠** - 중후한 오빠, 젊은 오빠
09. **외국인 노동자가 가는 곳** - 열악한 그들의 자리
10. **잘 되는 회사, 안 되는 회사** - 협력하는 회사, 불화하는 회사

## 홈쇼핑 다음날 출고 전쟁
### 기자들과 금강산 투어

　점심시간이 되기 전 반장2는 식사가 배달되어 올 거라고 알려 주었다. 나는 감격했다. 나같이 처음 온 사람에게도 점심 시간을 알려주다니. 배달된 점심은 깔끔하고 맛있었다.

　반장들은 너무 좋은 사람들이었다. 알바들보다 더 헌신적으로 일했다. 작업을 진행시키기 위해 남자들이 드는 무거운 물건들도 척척 들어 날랐고 묵직한 차키(물건이 실린 팔레트를 이동하기 위해 손으로 운전하는 기계)도 운전했다. 심지어 쉬는 시간, 알바들이 편하게 의자에 앉아 쉬고 있을 때도 일했다.

60대 언니가 좀 쉬라고 하자,

'이렇게 해서 빨리 퇴근하려고요! 신경 쓰지 말고 쉬세요!'

하고 웃었다. 나에겐 천사들로 보였다.(이하 천사 반장들)

오후가 되자 양품 작업장(양품장)을 떠나 택배 상자를 포장하는 출고 작업장(출고장)으로 가게 되었다. 히터가 틀어져 따뜻한 양품장과는 달리 뻥 뚫린 창고형 출고장은 너무 추웠다.

출고는 포장 박스를 만들어 포장된 옷을 택배 박스 안에 집어넣고 박스를 스티커 기계 안으로 넣는 과정이다. 박스가 스티커로 봉해지면 운송장을 붙여 택배가 갈 수 있도록 팔레트 위에 쌓는다.

그런데 그날은 바깥 기온이 전날 밤부터 영하 10도 아래인 너무 추운 날이었다. 출고장에 나가 10분도 되지 않았는데 운동화 속 발가락이 얼었다. 그리고 기계가 굳어 돌지 않았다.

회사의 남자 정직원들 대리, 과장이 나와 있었는데 알바들 앞에서 기계가 얼었다고 짜증을 부렸다. 천사 반장들은 전기 온열기를 찾아 가져오는 등 이리 뛰고 저리 뛰며 기계를 돌리기 위해 애를 썼다. 20대로 보이는 대리는 그런 반장들에게 짜증을 부렸다.

어쨌든 천사 반장들이 찾아온 전기 온열기 덕분에 기계가 움직이기 시작했다. 다들 기계 앞에 서는 데 가장 중요한 자리 (박스 만드는 자리, 기계에 박스를 집어넣는 자리, 그리고 운송장을 붙이는 자리)에 반장들과 60대 언니가 섰다. 나는 박스 만드는 천사 반장1 옆에 서서 납작한 박스지를 밀어주는 일을 맡았다.

기계가 돌아가기 시작하자 나는 신세계를 보았다. 겨울이라 패딩류 등 옷들이 무거웠다. 반장1 언니는 기계 같은 기술로 내가 밀어준 납작한 박스지를 택배 박스로 만들어 냈다. 무거운 옷들을 박스 안으로 던져 넣으면 60대 언니가 뚜껑을 닫아 끊이지 않고 박스를 기계 안으로 밀어 넣었다. 그것은 또 다른 기술이었다.

내 옆에 선 반장1 언니는 박스지를 밀어 넣는 내게 이런저런 지시를 빠르게 했다. 박스지 잡는 손가락, 박스지를 밀어 넣는 방향, 서 있어야 하는 미묘한 각도 등등. 말은 날카로웠다. 하지만 내일 택배가 나가기 위해 오늘 끝내야 하는 물량을 알기 때문에 나는 섭섭한 마음이 일도 들지 않았다. 오히려 기술을 익혀야 하겠다는 마음이 커서 열심히 팔을 놀렸다. 그렇게 나는 점점 프로의 세계로 진입했다.

　20대의 나도 대표 이사의 격려를 받고 과장으로 승진하며 프로의 세계로 진입했다. 대표 이사가 영업부와의 회의에서 기자들에게서 오는 모든 연락은 나만 받으라고 말했다고 전해 들었다. 대표이사의 신뢰가 느껴져 나는 성과를 올리고 싶었다. 마침, 아시아 본부는 한국 시장을 밀어줄 의사가 있었고 나는 마케팅 계획을 보고하며 '언론사 기자단 금강산 투어'를 제안했다. 아시아 본부에서 온 이메일 반응이 뜨거웠다.

　당시는 현대 그룹 정주영 회장이 소 떼를 몰고 고향으로 다녀온 후 남북 관계가 좋아져 금강산 여행이 한창 진행되던 때였다. 연일 신문에 '금강산 관광'에 대한 기사가 나는 걸 보며 나는 기자들을 데리고 갈 생각을 하게 되었다. 아시아 본부에서 먼저 승인이 떨어지며 마케팅 자금이 내려왔다. 한국 법인의 돈이 아니었다.

내가 사무실 전체에 이에 대한 공고를 하자 웅성거림이 시작되었다. '미친 거 아냐!' '누가 기자들을 북한에 데리고 가냐!' K 과장은 험한 눈초리로 나를 쳐다보았다. 그러나 그날 나는 한국 사무실 전체 직원을 참조로 넣은 대표 이사의 메일을 받았다. '모든 언론사 관계는 김로운 과장에게 맡기자'는 내용이었다. 그러자 사무실이 조용해졌다.

산업부 IT 쪽을 담당하는 언론사 기자들에게 '금강산 투어' 메일을 뿌리자 난리가 났다. 전화가 와서 '진짜예요?' 하고 물었다. 너도나도 가겠다고 나섰고 지금까지 연락이 없던 언론사에서까지 전화가 왔다.

1박 2일의 일정이었다. 나는 기자 약 15명쯤을 모집하여 속초로 가서 배를 타고 출발했다. 사실 극 I형 성격이라 기자들과 활달하게 어울리지는 못했다. 찾아오는 기자들과 점심식사를 같이한다든가 기자 간담회를 개최해서 기자들에게 선물하는 정도의 선에서 홍보 활동을 했다. 그러나 금강산 투어는 그들에게도 파격이었다.

　속초항을 떠나 2시간 (?) 정도 동해안 항해를 했다. 배 안에서 북한에 들어갔을 때의 여러 가지 주의 사항을 들었는데 통제가 심했다. 일단 북한 주민을 만나면 절대 따로 대화하지 말고 일행끼리도 북한의 정치에 대한 얘기는 하지 말라고 부탁했다. 사진도 절대 찍으면 안 된다고 했다. 그리고 안내원의 통제 바깥으로 나가면 안 된다고 강조했다. 기자들과 나는 배 안에서 술자리도 가지며 즐거운 시간을 보낸 것 같은데 15년도 넘은 일이라 잘 기억나지 않는다.

　북한 지역으로 넘어가 고성에 도착한 후 '금강산 호텔'에 들어갔다. 그 과정에 버스를 탄 것 같은데 잘 기억나지 않는다. 호텔에서 저녁으로 평양냉면을 먹고 불고기전골도 먹은 것 같다. 그 유명한 전자악기 밴드의 '반갑습니다!' 노래도 들었다. 그러나 항상 안내원이 붙어 다니며 감시를 해 나는 기자들과 제대로 말도 못 했다.

다음 날은 금강산에 올라갔는데 험한 등산이 아니라 가벼운 트레킹이었다. 항상 감시원이 붙어 있었고 사진 찍는 걸 막았다. 설악산이랑 비슷한 분위기였는데 단지 등산길 바위 위에 '김일성' 구호가 새겨져 있어 거북하게 느꼈던 생각이 난다.

어쨌든 나와 기자들은 이후 다시는 못 갈 곳에 가 보는 경험을 했고 서울로 돌아와서 기자들과의 관계가 매우 돈독해졌다. 프로의 길로 가는 시작이었다.

영하의 의류 포장 공장 포장장에서 프로들의 전쟁 같은 작업이 진행되었다. 나는 추운 것도 잊고 기계처럼 박스지를 밀어

댔다. 결국 퇴근 시간이 되어 접착 기계가 멈췄다. 그러나 물량이 끝나지 않아 천사 반장들은 더 일해야 했다. 마음이 짠했다.
(이후 이 반장 언니들을 극적으로 다시 만나게 된다)

집에 돌아가자, 왼쪽 팔이 뻐근했다. 살펴보니 왼쪽 위 팔에 퍼런 멍이 들어 있었다. 멍 위에 파스를 붙이면서도 나는 따뜻한 첫날이었다는 생각에 미소 지었다.

## 까대기, 영혼 털리는 막노동
### 프로의 실력

그 겨울, 나는 천사 반장들의 공장에서 몇 번 더 일했다. 양품, 출고 작업을 했지만 가장 힘든 건 반품된 택배 박스들을 정리하는 박스 까기 일명 '까대기'였다.

의류 홈쇼핑은 일단 반품률이 높다. 이후 이 공장 말고도 여러 의류 포장 공장들을 돌았는데 의류들에 따라 달랐지만 평균 40%가 반품되어 들어왔다. 그래도 겨울 의류가 반품 비율이 작은 편이다. 여름옷들은 70%에 달한 적도 있었다.

여담을 하자면 여름에 다른 공장으로 갔을 때 홈쇼핑으로 나간 옷 80%가 돌아왔다. 그 공장 앞 마당에는 옷들이 찐으로 태백산맥 더미를 이루었다. 야외라 여름 햇살로 지글지글 타고 있었는데 보기만 해도 숨이 막혔다.

그날도 하루 종일 까대기를 했지만 결국 끝내지 못했다. 공장 사장님이 알바들의 건강을 걱정해서 쉬엄쉬엄하라고 했다. 옆에서 일하던 사장님은 더 이상 이 짓을 못 하겠다고 하소연했다. 결국 그 사장님은 여름이 지나고 사업을 접었다.

천사 반장들의 공장에도 반품이 들어오면 팔레트 10 여개 위로 박스들이 말 그대로 사람 키를 훌쩍 넘어 산처럼 쌓였다. 창고 앞 넓은 공터는 박스 산을 이루게 된다.(옷을 샀으면 책임을 질 것이지 왜 이토록 무책임한가!! 휴!)

사람 키보다 높은 박스 더미를 얇은 비닐로 둘러쳐 놨는데 이 비닐을 잘 못 까내리면 박스들이 쏟아져 더미에 묻히게 된다.

따뜻한 60대 언니는 비닐을 까 내리는 법, 박스를 밀봉한 스티커를 떼는 법, 그런 걸 하기 위해 칼을 휘두르는 법, 그리고 박스 속 옷 라벨을 쉽게 확인하는 법 등을 찬찬히 가르쳐 주었다.

반장 언니들은 부지런히 옷들을 정리할 분류 상자를 만들고 라벨을 붙였다. 까대기는 분량이 많기 때문에 보통 창고 앞 야외 공터에서 한다. 그때도 겨울이어서 추웠지만 야외에서 했다. 먼지도 많이 나기 때문에 어쩔 수 없다.

까야 하는 박스가 100개면 가벼운 운동이다. 그러나 1천 개가 되면 숨이 막힌다. 박스를 내려서 칼을 휘둘러 박스를 뜯고 옷을 꺼내 걸어가 분류 박스에 넣고 빈 박스를 던져 버리는 일은 체력을 많이 요구한다. 반품이 1천 개가 되면 야외에서 하루 종일 한다.

물류 업계에서는 거대한 운반 트럭에 싣고 온 택배 상자들을 내려 분류하는 막노동을 까대기라 부른다. 의류 업체 반품 처리도 여성들의 막노동이라고 할 수 있다. 야외에서 하루 종일 하고 나면 영혼이 털리고 온몸에 힘이 빠져 손가락 하나 움직이기 힘든 상태가 된다.

반품 대부분은 포장도 뜯지 않은 상태로 나오지만 약 10% 포장이 뜯어진 옷들에서는 별별 게 다 있다. 반품하는 이유를 구구절절이 쓴 편지, 한번 빨아 세제 냄새가 나는 옷들, 화장 자국이 남아 있는 옷들, 강아지나 고양이 털들이 잔뜩 묻은 옷들, 그리고 주머니에 뭔가가 들어 있는 옷들. 주머니에서 칼이 나온 경우도 있었지만 대박은 현금 5만 원짜리 지폐가 나온 경우였다.(박스를 뜯어 주소가 없어져 버려 돈을 돌려 주지 못했다)

그중에는 진상 고객도 있다. 하나의 주소에서 반품 박스 9개가 온 경우가 있었다. 소비자가 니트 스웨터를 색깔 별로, 사이즈 별로 주문해 놓고 하나만 남기고 다 반품했다. 그런데 반장 언니들은 그 주소를 보더니 한숨을 쉬었다. 이 옷만이 아니라 다른 옷들도 똑같은 행태를 보여 이름과 주소를 기억하고 있었다. 60대 언니는 그 고객 잡으러 가자고 농담했다.

겨울에서 봄으로 넘어가던 시기, 나의 양품과 포장, 그리고 까대기 실력은 날로 늘어 프로의 경지에 도달했다. 20대 나의 마케팅 실력도 프로의 경지에 도달하기 시작했다.

20대 회사에서 K 과장은 중소기업이나 일반 개인에게 네트워크 장비를 파는 총판 및 리셀러들과의 관계가 돈독했다. 그녀는 거의 10년을 이 업계에 있었기 때문에 노하우도 대단하고 인맥도 두터웠다. 그렇기 때문에 영업 직원들은 모두 K 과장과 좋은 관계를 가지려고 노력했다. 그러나 Y는 나와 마찬가지로 기존파가 아니라는 이유로 K 과장의 도움을 받지 못했다.

나는 그게 안타까웠다. 그러나 고객 대상 프로그램은 내가 담당이었다. 분기마다 나는 고객 마케팅 계획을 아시아 본부에 제출하여 승인을 받고 한국에 배정된 자금을 집행했다. 주로 새로 출시되는 제품들의 홍보, 세미나였다. 그런데 가끔 세미나에 많은 금액이 배정되기도 했다. 이전 분기 한국 매출이 좋을 때이다.

그때 나는 많은 금액을 배정받았다. 여유가 생겨 신제품 교육 세미나를 1박 2일 제주도 워크숍으로 계획하면서 가족 동반 프로그램을 만들었다. 모든 마케팅 자금을 그 프로그램으로 집중시켰다. 대상을 리셀로로만 잡으며 조건을 걸었다. 한 달간 가장 많은 매출을 달성하는 리셀러 상위 순위만 초대하는 거였다.

내가 발표하자 K 과장은 벌레 씹은 표정이 되었고 영업 사원들은 담당 리셀러에게 전화를 걸며 난리가 났다. 프로그램은 Y에게 유리한 게임이었다. 왜냐하면 Y가 담당하는 신제품이 출시되어 마침 막 시장에 나가던 시기였기 때문이다. 사무실에서 내가 보낸 프로그램 이메일을 확인하고 Y는 내게 씩 웃어 주었다. 물론 Y에게만 좋은 프로그램은 아니었다. 그 분기 매출 실적이 전반적으로 올랐다.

20대 회사에서 나의 실력이 는 것처럼 까대기를 하는 나의 실력도 날로 늘어갔다. 까대기는 영혼까지 털리는 육체노동이지만 중년 나이에 좋은 점도 있다. 신체적으로 운동이 된다는 점이다. 온몸을 써서 일어났다 앉았다 무거운 걸 들었다 내려놨다 팔을 움직여 칼을 이리저리 쓰니 신체 전 부위를 쓰게 된다. 하루 까대기를 하고 나면 마치 북한산 등반을 다녀온 정도의 체력 소모가 된다.

퇴근해 집에 들어가면 바닥에 쓰러져 꼼짝하기 싫지만 다음 날 아침 일어나면 온몸이 가뿐해졌다. 단 다음 날 일을 나가지 않으면 말이다. 마치 전날 등산을 하고 난 후 다음 날 아침 온몸에서 카타르시스를 느끼는 것과 같다. 머리도 맑아진다. 20대 회사에서는 퇴근해서 집에서 쉴 때도 머릿속에서 일이 빙빙 돌며 벗어날 수 없던 것과는 완전히 다르다. 너무 과도한 노동이 아니라면 중년에게는 육체노동이 건강에 훨씬 좋다.

## 이 구역의 지배자, 김상무
### 실력이 지배자를 정한다

겨울 동안 천사 반장들의 공장을 몇 번 나가니 김상무는 봄이 되자 다른 의류 공장으로 배정했다. 의류 포장 창고들이 모여 있는 공장 단지였다.

의류 포장 집적 단지에는 창고형 공장들이 50여 개가 몰려 있었고 알바들은 회사들 이름조차 모른다. 단지 1동부터 50동까지 동 수로 불렀다. 김 상무가 내게 가라고 한 곳은 그중 하나였다. 아침에 출근하니 창고 앞에 몇몇 외제차를 비롯해 차들이 몰려 있었고 공장 안으로 들어가니 큰 회사였다. 여러 개의 창고를 가지고 있었다. 공장 안 양품장(옷을 정리하는 곳)이 컸고 이미 10여 명의 정직원들이 자리 잡고 있었다.

내가 간 날은 그 외에도 10여 명의 알바들을 부른 날이었다. 양품장에 들어가니 알바들은 서로 인사를 하며 반가워했다. 이제 알바 경력이 붙기 시작한 나는 그곳이 처음이었지만 쭈뼛거리지 않고 뻔뻔하게 행동했다. 알바들 앞에 나타난 반장 언니는 포스가 남달랐다. 천사 반장들하고는 달랐다. 벌써 이마에 '나는 반장'이라고 써 있는 아우라를 뽐내고 있었다.

20대 회사에서 새로 온 대표 이사도 벌써 모습 자체가 '나는 대표 이사'라는 아우라를 내뿜는 중년 남자였다. 말단 직원은 거치지도 않았고 미국 박사 학위를 딴 후 바로 대기업의 재무 쪽 임원으로 일했다고 한다. 회사에는 대기업 임원에서 바로 넘어온 상태였다.

이후 기존파는 삽시간에 영업부의 수장인 S 부장에게 기대는 모습을 보였다. S 부장은 이미 네트워크 장비 영업 분야에서 오랜 기간 일한 베테랑이었고 상당한 매출을 올리고 있었다. K 과장은 모든 일을 S 부장과 상의하였다. 나는 나를 신임하는 대표이사를 돕고 싶었는데 대표의 역량은 미국 회사답게 분기별로 매출 실적을 달성하는가에 달려 있었다.

금강산 투어를 다녀온 후 특히 나는 업계 전문지 기자들과 관계가 더욱 돈독해지며 친구처럼 지내고 있었다. 기자들은 내가 주요 취재원이기도 해 평소 일이 없어도 가끔 전화도 하며 회사 돌아가는 사정을 묻기도 했는데 어느 날 나는 그걸 역이용할 수 있겠다는 생각이 들었다.

당시 회사는 주요 통신사들과 대기업에 네트워크 장비를 파는 데 전력을 다하고 있었다. 인터넷 속도를 올릴 수 있는 새로운 네트워크 장비가 미국에서 개발되었고 회사는 그 장비를 팔려고 열심히 영업을 하고 있었다. 한국에서 인터넷 속도가 가파르게 올라가던 때였다.

미국에서 경쟁하던 회사가 마찬가지로 들어왔는데 지난번 다른 직원들을 무차별식으로 스카우트한 바로 그 회사였다. 경쟁사에서도 비슷한 제품이 미국에서 출시되었고 한국 통신 회사들은 우리 회사와 경쟁사의 제품을 놓고 저울질하고 있었다. 금액이 매우 큰 프로젝트였다. 경쟁사가 그 장비를 한국에는 언제 들여올지, 어떤 모델이 들어올지, 한국 환경에는 잘 맞을지 영업 사원들이 사무실에서 얘기하며 걱정하는 소리를 들은 나는 기자들과 만나는 자리에서 경쟁사 장비에 대해 지나가는 말처럼 물어봤다.

전문지 기자들은 이 분야 기술을 잘 아는 편이고 또 우리 회사 못지않게 경쟁사와 우리의 고객사에도 드나드는 사람들이었다. 내가 만난 기자는 경쟁사 네트워크 장비를 구매하려는 통신사 임원을 만나고 있었고 그는 정확히 그 임원이 걱정하는 지점을 알려 주었다. 완전 황금 정보였다.

나는 Y에게 전화하여 그 정보를 알려 주었다. (나한테 말도 걸지 않는 다른 영업 직원들한테 말 걸고 싶지 않았다) Y는 전화 통화에서도 큰 목소리로 허허 웃으며 '대박 쳤다!'고 하고 전화를 끊었다. 며칠 후, Y는 내 곁으로 오더니 평소의 큰 목소리로 사무실이 다 들리게 말했다.

'김 과장! 완전 여운데!!
우리가 그 통신사에 들어간 경쟁사 제품 빼게 생겼어!'

K 과장과 친한 통신사 담당 영업 차장은 고개를 끄덕였고 K 과장은 못 들은 척 고개를 돌렸다. 한 달 후 회사는 통신사에 엄청난 매출을 올리며 대표는 분기 실적을 달성했다. 이때 회사 간부 회의에서 대표가 앞으로 모든 언론사 연락은 무조건 다 나한테 넘기라고 다시 한번 다짐하였다고 비서가 나에게 알려 주었다.

그때 대표 이사처럼 아우라가 빛나는 의류 포장 회사 반장은 능숙하게 알바들을 일에 배치했다. 나를 새 얼굴이라고 아는 체도 안하고 다른 알바들과 똑같이 일을 지시했다.

나는 양품장 정직원 자리 옆에 앉아 옷 접는 법을 새로 배웠다. 아줌마 정직원은 특별히 까탈스럽지도 그렇다고 무신경하지도 않고 능수 능란하게 나를 가르치며 실수하는 걸 바로 잡아 주었다. 그곳은 프로의 세계였다.

곧 출고 창고로 옮겼는데 정직원 언니들은 놀라웠다. 접착 기계를 둘러싸고는 출고 작업을 하는데 손이 안 보이게 속도가 빨랐다. 알바들은 접착 기계 근처에도 오지 못하게 했다. 내게는 출고 과정에서 쏟아져 나오는 박스들을 주워 정리하게 했다. 정직원 언니들은 박스를 쉬지 않고 던졌고 나는 바닥에 떨어진 박스를 주워 정리했는데 그것도 칼각으로 해야 했다. 박스 쌓인 각도가 흐트러지면 택배 박스를 쌓던 남자 직원들이 눈빛 레이저를 쏘았다.

정직원들 중에 유난히 알바들에게 친절하게 해 주는 언니가 있었다. 나중에 알고 보니 그 언니는 김상무를 통해 주말 알바를 하고 있었다. 기술이 좋아 어디서든 환영받았다고 한다. 다들 오랫동안 밥 벌어먹는 기술을 가진 프로들이었다.

점심때가 되자 공장 근처에 있는 식당으로 갔는데 유명한 맛집이었다. 의류 창고 단지에서 일하는 거의 모든 노동자들이 모여드는 곳이었다. 혼자 밥 먹을 각오를 하고 있었는데 알바 언니 하나가 테이블로 불렀다. 아침에 본 알바 10명이 모두 모여 있었다. 나를 부른 언니는 금목걸이와 금귀걸이를 하고 있는 부티 나는 60대였다. 여유로운 얼굴로 힘들지 않으냐고 물었다. 처음 본 얼굴이라고 이것저것 먹을 걸 권하기도 하고 간단한 정보도 알려 주었다. 그 테이블에 앉아 밥을 먹던 알바 언니들은 거의 40, 50, 60대였고 끊임없이 식당으로 들어오는 다른 중년 여자들과도 서로 인사를 나누었다.

알바 언니들은 밥을 먹으며 다른 공장들의 상황이라든지 김 상무의 성향 같은 걸로 수다를 떨었다. 개인사 같은 건 잘 얘기하지 않았다. 김상무가 여우같이 거짓말을 잘한다며 반찬을 씹으며 김상무를 씹었다. 일이 있는 데도 없는 척하고 다른 알바

일로 보낸단다. 그리고 김상무는 통상 인력 업체 직원들이 기본으로 하는 인력 운반차 운전도 하지 않는다. 김상무 알바 대부분은 자기 차로 움직이고 없는 사람들은 같은 동네 알바들을 묶어서 운전하는 알바 차에 싣기 때문이다. 작은 수당을 지불하고는. 언니들은 그 관행도 잘근잘근 씹었다.

20대 회사에서 대표 이사도 매일 직원들에게 씹혔다. 특히 K 과장은 마치 악당인 것처럼 대표를 미워했다. 대표가 그런 분위기를 모를 리 없었다. 그도 여우 같은 술책을 썼는데 S 부장 위로 부사장을, 그리고 Y 위로는 다른 영업부장을 영입했다. 그러나 안타깝게도 부사장과 다른 영업부장은 이 회사의 어려운 기술을 잘 이해하지 못했다. 또한 굵직한 기업 고객들은 이미 기존파가 다 장악하고 넘겨주지 않았다. 따라서 매출을 일으키지 못했다.

그걸 제일 잘하는 사람은 S 부장과 그 밑의 P 차장이었다. 따라서 S 부장과 P 차장이 주로 매출을 일으켰고 대표는 이들을 함부로 할 수 없었다. 회사의 실질적 지배자는 S 부장이었다.

알바 언니들은 김상무를 씹었지만 많이 기대고 있기도 했다. 몇 개월째 일을 소개 받았지만 전화나 문자만 했지 얼굴 한번 보지 못한 김상무 얘기는 흥미로웠다. 내가 처음 알바 일을 시작할 때 연락한 사람은 김상무(가명)가 아니었다. 같은 인력 알선 업체 정부장(가명)이었다. 정부장은 처음에 나를 아이돌 앨범 포장 공장으로 배치했었다. 그런데 그 다음 번에는 지옥 같은 화장품 포장 공장에 배치했다.

알바를 포기하려고 하는 데 전화를 해 다시 앨범 포장 공장으로 가라고 한 이가 김상무였다. 그 앨범 포장 공장은 김상무의 고객이었다. 그때부터 정부장이 아니라 김상무가 내 담당이 되었다.(인력 알선 업체에서는 알바마다 담당 인력이 다르다)

어떻게 보면 의류 포장 공장 집적 단지로 나를 데뷔시키기 위해 단계별로 훈련을 시킨 면도 보인다. 알바마다 적정한 수

준을 파악하며 일 배치를 시키는 듯했다. 그것도 얼굴도 안 보고 전화나 문자를 하며. 김상무는 나뿐만 아니라 다른 알바들도 그런 식으로 인력 개발을 하는 듯했다. 알바 언니들은 김상무에게 기대고 있었다.

이 구역의 지배자는 인력 알선 업체 김상무였다.

# 명품 백을 사려고 알바 나오는 언니
### 화려한 얼굴에 가려진 착한 마음

    의류 포장 집적 단지 여러 공장을 돌며 나의 기술은 날로 일취월장했다. 그래도 일주일에 2번만 일하는 원칙은 지켰다. 그 사이 많은 사람들을 만났다.

    처음 단지로 출근하는 날 나를 점심 테이블로 부른 금목걸이 금귀걸이를 한 언니와도 자주 부딪혔다. 언니는 나뿐만 아니라 다른 알바 언니들에게도 참 친절했다. 출근하는 아침에는 모든 알바 언니들에게 인사를 하며 반가워했고 종이컵 커피를 권했다. 단지 내에 주차할 때 주의 사항도 알려 주고 반장이 일을 지시할 때 알바들이 잘 알아들을 수 있도록 눈치도 줬다. 쉬는 시간에는 모든 알바들이 엉덩이 붙이고 쉴 수 있도록 자리를 마련해 주고 점심 테이블을 만들어 알바들을 모아 혼자 먹는 사람이 없게 했다.

알바 언니들이 (좋은 의미에서) 왕언니라고 부르며 따랐는데 단 다른 언니들이 떨어질 때가 있었다. 언니는 해외여행 갔던 얘기를 많이 했다. 유럽, 일본, 대만 등등을 혼자가 아니라 언니 돈으로 가족과 함께. 다른 언니들은 싫어했지만 나는 재밌게 들었다.

"언니, 어떻게 그렇게 해외여행을
가족 데리고 많이 갈 수 있어요?"

"(주변 눈치를 보며 작은 소리로)
나 건물 한 채 가지고 있잖아."

나는 눈이 휘둥그레졌다.

"그럼 왜 알바 일 나오세요? 까대기하면서!"

"운동 삼아 나오는 거지."

건물주 알바라니. 그래. 언니 차는 번쩍거리는 최신 외제차다. 그래도 나는 건물주 언니가 참 친절하고 포용력이 있어서 좋았다. 언니는 까대기도 잘했다.(까대기의 운동 지수가 가장 높기는 하다)

봄날 만난 30대 언니도 참 인상적이었다. 김상무는 가끔 나를 (나뿐만 아니다) 단지 바깥에 있는 의류 포장 공장으로 보냈다. 나는 비교적 외곽에 있는 중형 규모 정도의 공장에 가게 되었다. 창고를 3개 보유하고 있었다.

가끔 알바들을 부르는 곳으로 그날 나는 부속 창고 2층에서 일하게 되었다. 그때 예쁜 30대 언니를 만나 함께 일했다. 자질구레한 옷들을 접어 박스에 넣고 정리하는 일이었다. 반장은 업무만 지시하고 다른 창고로 가 버렸다.

봄바람은 2층 창문으로 살랑살랑 불어오고 다른 직원은 없고 일은 힘들지 않아 우리는 음악을 듣고 수다를 떨며 옷을 정리했다. 예쁘장하게 생긴 30대 언니는 진짜 일을 잘했다. 반장이 옷을 접는 것뿐만 아니라 사실상 알아서 창고 정리를 해달라는 지시를 한 것이라 머리를 써야 했다.

머리를 써서 정리하는 거야 나도 잘하지만 이 언니가 만만치 않았다. 체계적으로 정리하는 방법을 잘 알고 있었다. 우리는 기분 좋게 도와 가며 일했다. 언니는 아이 셋이 있는 엄마였다. 그리고 간호조무사란다.

아이들은 어린이집에 있고 오후에는 친정어머니가 봐주신다며 오늘 병원 휴무라 알바 나왔다고 말했다.

"아이 셋 보고 간호조무사 하는 걸로도 바쁠 텐데
쉬지 왜 알바하러 나왔어요?"

"목표가 있어서요"

"뭐?"

"실은 명품백 하나 사려고요. 찍어 둔 게 있는데 아무래도
생활비에서 뺄 수는 없고 따로 돈 모으려고요."

명품백! 내가 20대 회사 다닐 때도 명품백을 들고 다니는 미녀가 있었다. 대표 이사 비서였다. 대표 이사실 앞 데스크에 앉아 드나드는 사람들을 체크하고 대표 이사의 스케줄을 관리하며 이 메일들을 점검하고 보고했다.

그녀는 훤칠한 키에 완벽한 몸매, 긴 생머리에 향수 냄새를 풍기며 명품백을 들고 다녔다. 사무실 직원들에게 영향력을 가질 수 있었던 건 그녀가 대표 이사의 심기를 가장 먼저 파악한다는 거였다. 대표 이사는 까다로운 성격이었고 부장급 이상들이 보고를 하러 들어갈 때 대표 이사의 기분은 대단히 중요한 고려 상황이었다. 사무실에서 그녀가 영업부 직원들과 이 상황을 얘기하는 걸 가끔 보았다.

K 과장은 그녀와 자주 이야기를 하였고 나는 당연히 비서가 K 과장파인 줄 알았다. 그런데 어느 날 비서가 K 과장 옆에 있는 나에게 오더니 남들 다 들으라는 식으로 말해주었다.

'주요 고객 ○○○에게 갈 감사 편지를 써 달라고 대표님이 요청하셨어요. 김 과장님이 회사에서 제일 글을 잘 쓰신다고요.'

그러자 K 과장과 영업부 직원들이 모두 나를 돌아보았다. 그 이후로도 나는 비서를 통해 대표 이사로부터 가끔 비슷한 요청을 받았다. 비서는 또 대표 이사 동향도 알려 주었다. 홍콩에 있는 아시아 본부에서 누가 한국 온다는 얘기라든가 하는.

나는 누구나 K 과장하고만 친한 상황에서 남들 보라고 내 옆으로 와 말을 걸어주는 그녀가 너무 고마웠다. 그런데 아시아 본부장이 한국에 자주 왔다. 백인 남자인 아시아 본부장이 온 날 한국 법인 간부급 식사 자리에 그녀가 (대표에게 말해서) 나를 끼워주었다. 식사를 마치고 난 후 그녀가 나에게 호텔 클럽에 가자고 부탁했다. 아시아 본부장도 간다고 함께 가자고. 밤도 늦고 그런 데는 익숙하지 않아서 거절했는데 그녀가 몹시 난감해했다.

어쨌든 다음 해 그녀는 백인 아시아 본부장과 결혼했다. 그 때 그녀가 부탁한 대로 호텔 클럽에 갔어야 했는데... 지금은 어떻게 살까 궁금하다.

회사에는 비서 말고도 미녀가 또 있었다. 회사 입구 안내 데스크에 있는 직원이었다. 성형한 것 같은 화려한 얼굴에 짙은 화장을 하고 다녔다. 성형한 티가 완연하게 나는 얼굴(30년 전 성형 기술)이라 화려한 여자에 대한 거부감이 있던 나는 말 붙이기가 꺼려졌다.

어느 날 점심시간이 가까워 오는데 그녀가 내 자리로 오더니 오늘 점심 약속 있느냐고 물었다. 없다고 하니 웃으며 같이 밥 먹자고 했다. 나는 너무 반가웠다. 그녀는 평소 친하게 지내는 재무부 여직원과 점심을 같이 먹으러 다녔다.

점심 시간, 돈가스 집에서 밥을 먹는데 그녀가 물었다.

'과장님 너무 힘드시죠?'

순간 눈물이 핑 돌아 돈가스 위로 톡 떨어졌다. 내가 어떻게 대답했는지는 잘 기억나지 않는다. 아마 얼버무렸을 것 같다.

나랑 친하게 지내면 K 과장에게 찍히는 시절이었고 그녀도 그걸 잘 알고 있었다. 그녀는 너무 착한 사람이었다. 생각해 보면 안내 데스크에서도 그녀는 누구에게나 바보처럼 잘 대해 주었다. 성형한 것 같은 얼굴과 짙은 화장에 가려 그녀의 본성을 보지 못한 거다. 그때 나는 예쁜 여자도 착하구나 하는 걸 알게 되었다.

의류 창고에서 명품백을 사고 싶다는 예쁜 엄마의 말을 들으며 나는 미소가 지어졌다. 아이 셋을 키우며 병원 일하느라 얼마나 치일지 바쁜 모습이 눈앞에 그려졌다. 또 아등바등 살며 자신을 소진시키느라 얼마나 스트레스가 많았을까? 나는 그녀의 그런 목표와 노력이 참 좋았다.

어려운 형편 속에서도 남편의 도움 없이 자기 힘으로 일상에 지장을 주지 않고 자신에게 좋은 것을 선물하려는 마음. 명품백을 사고 싶어 알바 나오는 아이 셋 엄마에게 박수를 쳐 주었다.

## 칼잡이 언니들
### 엔지니어계의 여신

10년 전에 한 드라마 '직장의 신'을 아는가? 김혜수가 주연을 한 드라마로 파견직 여성이 회사에 가서 뛰어난 잡일(본 업무 아님 주의!) 실력으로 사무실을 평정한다는 내용이다. 각종 자격증을 보유한 그녀는 지게차 운전 실력으로 위기에 빠진 회사 직원을 살리기도 한다.

이 드라마는 원래 '파견의 품격'이라는 일본에서 히트한 원작에서 왔다. 알바 천국인 일본에서는 뛰어난 실력자 알바들이 있다. 한국 알바의 세계에도 그런 언니들이 있다. 일명 칼잡이 언니들.

보통 의류 포장 공장들은 겨울에 일이 많고 여름에는 일이 적어진다. 당연히 겨울에는 사람들이 옷을 많이 입고 여름에는 덜 입기 때문이다.

그런데 의류 포장 공장 중에 여름이 다가오면 일이 많아지는 회사들이 있다. 여성 속옷 포장 공장이다. 여자들이 속옷을 자주 갈아입기 때문이다. 단지 안에는 유명 메이커의 포장 공장이 있었는데 알바들이 선호하는 일터였다. 서로 김상무에게 자신을 보내 달라고 청탁을 한다.

공장에서 다루는 옷들이 여성 속옷이다 보니 예쁘고 가벼운 데다 반장의 관여가 작고 알바들이 주도적으로 일을 조직했다. 늦봄부터 일이 바빠진다. 창고가 커서 에어컨 영향이 거의 없어 쉬는 시간도 많이 줬다. 하루 목표량이 달성되면 1시간 정도 일찍 퇴근하면서도 하루 일당을 다 받았다.

그래서 모든 알바들의 최애 일터였다. 그 회사는 창고를 여러 개 가지고 있었는데 반장이 모두 관리를 해야 해서 아침에 한 번 와서 일거리를 주면 중간중간 체크만 하지 알바들이 일하는 걸 지켜보고 있지도 않았다.

그래서 알바들끼리 일 공정을 조직하기도 한다. 효율적으로 일하고 빨리 일을 끝내기 위해. 홈쇼핑으로 나가는 속옷들 세트를 구성해 포장하는 것이 주요한 일이었다. 속옷들은 창고에 쌓인 박스 안에 보관되어 있는데 꺼내기 위해서 중간중간 박스를 따야 한다. 이 순간 언니들은 일제히 앞주머니에서 칼을 뽑아 든다.

회사에서 칼을 제공하기는 하지만 창고 자체가 넓기도 하고 여러 창고를 돌아다녀야 해 필요할 때 적재적소에 칼을 제공받기는 힘들다. 언니들은 그래서 칼을 가지고 다닌다. 각자의 손에 맞춘 문구용 칼.

소유자의 손아귀에 꽉 잡혀야 하고 칼심은 항상 날카로워서 박스 안에 푹 들어가거나 박스를 묶은 끈을 날카롭게 베야 한다. 칼심의 길이도 적당해야 하고 많이 써도 부러지지 않을 만큼 단단해야 한다. 그런 조건을 잘 맞춘 칼을 언니들을 각자 들고 다닌다.

그래야 일을 빨리할 수 있다. 야들야들한 팬티와 섹시한 브래지어가 가득 담긴 박스를 옷 손상이 가지 않으면서도 빠른 속도로 열어내려면 좋은 칼과 함께 칼을 휘두르는 각도와 적당한 힘과 같이 수련된 기술이 있어야 한다. 칼잡이 언니들은 킬러의 포즈로 칼을 휘두르며 박스를 빠르게 뜯어낸다. 마치 알바의 신처럼.

20대 회사에서는 엔지니어계의 여신 J 과장이 있었다.

'J 과장! 오늘은 나랑 같이 가야 해!'

P 차장이 아침에 엔지니어인 J 과장을 찍으면 S 부장은 바로 반박한다.

**'잠시 스탑! J 과장은 오늘 나랑 예약되어 있어.'**

　J 과장은 인기 있는 엔지니어이다. 그런데 업계에 드문 여자이다. 영업부의 모든 영업 사원들이 그녀와 함께 고객사에 가기를 원한다. 까칠하고 단답식 대답만 하는 공돌이 남자 엔지니어들과는 달리 그녀는 부드럽고 상대방을 배려하는 태도로 고객들을 대하기 때문에 인기가 높다.

　그녀가 공과 대학 다닐 때 얘기를 한 적이 있었다. 전자 공학과 다닐 때 전체 약 100명 정도 하는 학생들 사이에서 유일하게 여자라 무거운 거 들고 다닐 일은 없었지만 학교 건물에 여자 화장실이 없어 너무 힘들었다고.

　여자라고 다 부드러운 법은 없지만 그녀는 다정하고 부드럽게 이야기하는 태도로 어려운 기술을 설명해 줘 고객들이 좋아했다. 그녀도 영업 직원들처럼 보통은 외근 나가 있어 나는 부딪힐 일이 잘 없었다. 나와 비슷한 연배의 나이었는데 회사에 있는 3년 동안 고속 승진을 거듭해 차장이 되었다. 남자의 세계에서 드물게 성공한 여자였다.

요즘은 남자의 세계에서 활약하는 여자들이 많다. 내가 다니는 공장 중에 지게차를 모는 여자가 있었다. 드라마에서 김혜수만 지게차를 운전하는 게 아니었다. 걸걸한 목소리로 '거기 박스 좀 치워 주세요!' 소리치고는 지게차로 무거운 팔레트를 척척 들어 올린다. 옆에서 보면 좀 멋지다.

여성 속옷 공장에서 나도 남자처럼 칼을 잘 휘두르기 위해 다른 언니들처럼 칼 하나를 장만했다. 문구용 칼이라기 보다는 전문 오피스용 칼이라 칼심이 단단하면서 날카롭다. 손으로 잡았을 때 그립감이 좋다. 늦봄부터 여름까지 여성 속옷 공장에 알바 나가면서 칼잡이 언니들한테 수련을 받았다. 재미있었다.

## 못된 언니
### 그가 나쁘지 않으면 내가 나쁘다

여성 속옷 포장 공장에서도 함정은 있었다. 거기도 알바들이 사실상 작업을 주도하는 곳이라 아침 출근 명부를 고참 알바 언니가 작성했다. 더운 창고에서 뻘뻘 땀을 흘리며 칼을 휘두르고 온 다음날 나는 내 통장에 일당이 꽂히지 않은 걸 발견했다. (알바 일당은 일한 다음날 지급된다)

김상무에게 전화했더니 출근했느냐고 물었다.

'당연히 출근했죠'

김상무는 알아본다고 하더니 바로 일당을 입금해 주었다. 문제는 고참 언니가 전날 출근 명부에 내 이름을 적지 않은 거였다. 그 언니가 나를 모를 수는 없었다. 일할 때 항상 옆에서 따라다니며 박스를 나를 때 같이 들어준다든가 작업대를 옮길 때 함께 해 주었다. 고참 언니는 일부러 나를 누락시킨 게 틀림이 없었다.

나는 고참 언니와 아무런 일도 없었다. 싸운 일이 없는 건 물론 심지어 대화도 제대로 하지 않았다. 오히려 힘을 합쳐 일했다. 그런데 일부러 내 이름을 출근 명부에서 누락시키다니. 세상에는 이해 못 할 일들이 있다. 남들은 대부분 나에게 무관심하고 일부는 무조건 좋아하고 일부는 무조건 싫어한다. 고참 언니는 후자였나보다. 나는 그렇게 이해하고 넘어갔다.

그런데 다음번 속옷 공장에 다시 갔을 때 그 언니는 없었다. 그 후로도 쭉 그 공장에는 나오지 않았다. 나는 김상무의 배려에 대해 생각해 보게 되었다.

7월 초에 접어들자 곧 장마가 시작되었다. 장마철에 의류 포장 공장들은 대부분 일이 없다고 김상무가 단체 문자를 날렸다. 다른 언니들도 그렇게 얘기를 했다.

그런데 나는 그게 답답했다. 이미 내 몸은 일주일에 이틀 막노동하는 데 익숙해져 버렸다. 육체노동을 하지 않으면 몸이 근질근질해졌다. 이런!!!

비가 주룩주룩 혹은 퍼붓는 날씨가 시작되었고 나는 하루 종일 집에 있는 게 우울했다. 원래 우울을 잘 느끼는 성격이라 육체노동을 하면서 정말 좋아졌는데 또 우울해지기 싫었다. 서둘러 다른 알바 자리를 찾아보았다. (그때 유명한 물류 센터 알바도 잠시 하게 되었다. 그 얘기는 나중에 하겠다)

이리저리 찾은 끝에 인쇄 공장에 지원을 했다. 이제 인쇄 공장 알바 따위야 껌 씹는 일이었고 김상무보다 일당도 좋았다. 그런데 이번에 내 전화를 받은 곳도 인력 알선 업체였다. 먼저 묻는 게 '자차냐?'였다. 그렇다고 하니까 바로 내일 출근해 달라고 대답했다. 알바 중개 앱에는 20명이 지원했다고 나와 있었다. 인력 알선 업체는 지원서에 있는 내 알바 경력을 보았을 것이다.

다음날 가서 보니 큰 인쇄 공장이었다. 건물도 시설도 훌륭했다. 건물 주위로는 자동차들로 빼곡했다. 역시나 일은 아이돌 앨범 인쇄와 조립 포장이었다. 우리나라 인쇄 업계는 이제 아이돌 산업이 먹여 살리는 것 같다. 인쇄지에 한글은 물론 영어, 일본어, 한자로도 찍혀 있었다.

나는 인쇄 기계 옆에 인력 업체 다른 알바와 함께 배정을 받았다. 인쇄 기계를 돌리는 정직원은 60대 언니로 단단한 프로였다. 우리는 정직원을 도와 인쇄물을 확인하고 노끈 기계에 넣어 묶은 후 팔레트에 쌓는 일을 했다.

나는 그곳이 처음이라 모든 프로세스와 시설물들이 낯설었지만 다른 알바는 몇 번 나와 익숙한 모양이었다. 처음 10분간 언제나처럼 헤맸다. 인쇄 기계에서 나오는 시디 인쇄물을 받는 것도, 노끈 기계에 넣는 것도, 팔레트에 순서대로 쌓는 것도.

정직원 언니는 '처음 와서 그렇지!' 하며 천천히 하라고 일러주었다. 물론 나는 이미 알바 경력이 8개월이 넘은 차라 금방 익숙해질 자신이 있었다. 역시 금방 익숙해졌다.

그런데 문제는 같이 일하던 알바 언니였다. 정직원이 잠시 자리를 비우기만 하면 인쇄물을 잡는 손 위치가 틀렸다느니, 팔레트에 물건을 쌓는 순서가 틀렸다느니, 팔레트에 물건 쌓을 때 왼쪽으로 돌지 말고 오른쪽으로 돌라느니 야단을 치기 시작했다.

처음 보는 나에게 초등학생 야단치듯 야단을 쳤다. 그리곤 정직원이 돌아오면 언제 그랬냐는 듯 입을 다물었다. 왜 친절하게 배려해서 이야기하지 못하고 못 되게 말하는가? 전에 같았으면 주눅이 들고 내가 잘못했다고 생각했겠지만 이번에는 달랐다. 못 들은 척했다. 내 방식대로 했지만 정직원 언니는 잘 한다고 칭찬해 주었다. 이 언니는 그게 화가 났나 보다. 못된 언니였다.(이하 못된 언니)

물론 못된 언니는 일을 잘했다. 벌써 몇 번이나 왔기 때문에 익숙한 탓이 컸다. 퇴근 무렵이 되어 정직원 언니가 어제 왔던 알바 언니는 오늘 왜 안 왔냐고 물었고 못된 언니는 집안에 일이 있어서 못 왔다고 대답했다. 거기까진 오케이.

정직원은 내게 다음날도 올 거냐고 물었다. 나는 그렇다고 대답했다. 보통 이런 업체들은 알바들이 매일 나와 주기를 원한다. 왜냐하면 일에 익숙해지기 때문이다. 그런 면에서 매일 일하지 않는 나는 불리한 입장이었다. 원래는 일을 연속으로 하지 않는데 내 원칙을 어기고 다음날 오기로 했다. 여기는 김상무 구역이 아니기 때문이다.

다음날 출근하자 못된 언니는 물론이고 집안에 일이 있던 언니도 출근해 있었다. 그날도 나는 못된 언니와 함께 시디 박스 포장장에서 일하게 되었다. 거기는 전날보다 프로세스가 더 복잡했다. 처음에 조금 헤맸다.

예를 들면 시디를 박스 안에 넣는 방법이라든지 포장지 접착제를 버리는 쓰레기통을 찾는 거라든지. 반장은 주요한 일만 가르치고 세세한 것까지는 가르치지 않았다. 나를 가르친 반장이 멀리 가버리자 옆에서 일하던 못된 언니가 또 야단을 치기 시작했다.

쓰레기통을 자기 앞에 가져다 놓았으면서 내가 제대로 쓰레기를 안 버린다는 둥, 새로운 시디는 오른쪽 것 말고 왼쪽 것을 가져오라는 둥. 남들이 듣지 않게 앙칼지게 속삭였다.

'이런 것도 못 해요!!'

어쩌라고! 나도 합리적으로 지시하면 잘 따르는 사람이다. 내가 얼마나 일을 잘하고 의류 포장 공장 반장들한테 인정받은 능력잔데! 기가 막혔다. 옆에서 일하던 순한 얼굴의 언니가 나를 불쌍하게 쳐다봤다.

20대 회사에서 못된 언니는 단연 K 과장이었다. 출근한 첫날부터 나에게 막 대하더니 함께 다닌 4년 동안 단 하루도 나를 호의적으로 대한 적이 없었다. 우리는 그 4년 동안 같은 부서에서 옆자리에 나란히 앉아 근무했다. 그러나 서로 직접 얼굴을 보며 대화하는 일은 매우 드물었다. 시간이 갈수록 더욱 심했다. 업무로 서로 협력해야 하는 일들도 많았는데 그럴 때는 이메일로 누군가를 꼭 참조로 넣어 대화했다. 거의 4년 동안.

K 과장은 파트너 프로그램을 담당하였는데 주요 대상이 회사의 제품을 구매하는 총판이었다. 통신사와 같은 주요 고객에게 장비를 팔 때에도 총판을 통했기 때문에 회사와 총판은 거의 같은 몸이었다. K 과장이 매출 인센티브를 책정하였기 때문에 총판들은 그녀에게 잘 보여야 할 입장이었다.

회사에서 일한 지 2년쯤 되었을 무렵 아시아 본부에서 내게 총판 상황을 파악하고 친해지라는 지시가 내려왔다. 나는 총판에 방문해야 했다. 같은 지시가 K 과장에게도 내려왔기 때문에 K 과장이 나를 데리고 가야 했다. 그러나 그녀는 나와 함께 가기를 거부하며 따로 가자고 했고 내가 혼자 총판 회사에 도착했을 때 이미 회의가 끝난 후였다.

K 과장은 보이지도 않았고 총판 부장이 내려와 김 과장이냐며 물었다. K 과장이 없을지라도 부장은 나에게 회사 시스템이라든가 제품들을 설명해 줘야 하는 의무가 있었다. 그러나 그는 아무것도 하지 않았다. 단지 그의 부서 부하 직원들하고만 인사하고 바쁘다고 해 그냥 돌아서야 했다. 부장은 못마땅한 얼굴이었다.

K 과장이 뭐라고 했길래 총판 부장은 그렇게 떨떠름한 표정이었을까. 그때 모욕감이 아직도 기억이 난다. 그러나 나는 항의도 하지 못했다. 인간관계를 못 하는 내 탓이라고 생각했다.

50대 인쇄 공장에서 나는 달랐다. 점심시간이 되자 알바들끼리 근처 식당으로 가게 되었다. 장맛비가 휘몰아쳐 다들 우산을 쓰고 가는데 못된 언니가 우산을 가져오지 않았다. 인쇄 기계 옆에서 일하던 집안일 언니가 못된 언니에게 우산을 씌어 주었다. 그런데 못된 언니 비 안 맞게 하느라 집안일 언니는 비를 다 맞고 갔다. '왜 저러지?'

식당에 가서도 못된 언니는 테이블에 거만하게 앉았다. 대신 집안일 언니가 식판에 밥과 반찬을 담아 오더니 못된 언니 앞에 놓았다. 그렇다! 못된 언니는 권력자였고 집안일 언니는 시녀였다.

밥을 함께 먹는데 못된 언니는 다 들으라고 큰 소리로 말했다.

'어휴! 내가 진짜 얼마 (꽤 쎈 일당) 받느라고 개고생한다.'

그러자 함께 밥을 먹던 다른 언니들이 입을 다물고 못된 언니의 눈치를 봤다. 그때 나는 대강 눈치를 챘다. 여기는 알바마다 일당이 다르구나.(퇴근하는 길에 순한 얼굴의 언니가 알려 줘서 확인했다) 그러나 나는 광고를 통해 채용되어 이미 그 금액이 통장에 들어와 있었다. 그래서 대답했다.

'글쎄 말이에요. 나도 얼마 (꽤 쎈 같은 액수) 받느라고 힘든데…'

20대의 나라면 하지 못했을 말이다. 50대의 나는 말할 수 있었다. 내가 인간관계를 못 해서 그런 게 아니다. 나쁜 사람은 나쁜 사람인 거다. 나쁜 사람을 나쁘다고 생각하지 않으면 뭐든 내가 잘못한 게 된다. 나만 탓하게 되고 어쩌면 자살로까지 이어지게 된다. 나의 좋은 면들을 지킬 수 없다.

못된 언니가 나를 노려봤고 다른 언니들은 기가 죽었다. 공장으로 돌아가는 길에 시녀 언니가 못된 언니에게 하는 말을 들었다.

'언니 고마워요! 덕분에 오늘 출근했네.'

그렇다! 못된 언니는 인력 알선 업체에 말을 옮기는 사람이었다. 만일 어제 인쇄 기계 정직원이 그 다음 날도 올 거냐고 묻지 않았다면 나도 잘렸을 것이다. 그걸 물었기 때문에 인력 알선 업체에서 출근하라고 연락한 거다.

오후 포장장에 들어가서 일에 익숙해진 나는 못된 언니 못지않게 일을 잘했다. 끝날 무렵이 되자 반장이 내게 다음날도 출근할 거냐고 물었다. 나는 원칙대로 안 된다고 대답했다. 이후 그 인력 알선 업체에서는 다시 연락이 없었다. 그러나 나는 일도 아쉽지 않았다.

## 모자(母子) 알바
### 20대는 실수를 통해 배운다

내게는 군대에 가 있는 아들이 있다. 대학교 휴학한 후 입대하기 전, 집에서 놀 때 알바 가자고 꼬셨다. 맨날 엄마 알바 가니까 밥은 알아서 해 먹으라고 했으니 엄마가 얼마나 고생하는지 보여주고, 체험하게 해 주고 싶었다.

김 상무에게 전화해 아들 알바를 부탁하니 웃으면서 좋은 곳이 있다고 배정해 주었다. 남자 알바와 여자 알바를 동시에 찾는 공장이었다. 의류 포장 공장에서도 보통 여자 알바 7명쯤이면 남자 알바 한 명을 붙인다. 남자 알바들은 무거운 박스를 들어 팔레트에 쌓는 일을 한다.

소개해 준 공장은 화장품류 포장 공장이었다. 가기 싫다는 애를 겨우 달래고 꼬셨다. 여자 알바보다 많은 일당은 무조건 네 돈이고 엄마가 수당으로 만 원을 붙여준다고 했다. 늙은 엄마는 힘든 일 하는데 키도 엄마보다 크고 몸무게도 많이 나가는 아들이 편안한 의자에 앉아 게임이나 하고 있냐고 엄포까지 놓으면서. 아들은 마지못해 대답했다. '알았어!'

다음 날 아침, 침대에 누워 자고 있는 애를 깨워 차에 태우고 가면서도 나는 걱정스러웠다. 집에서 맨날 챙김만 받던 아들이 덩치만 산만큼 컸지 제대로 사람 노릇이나 할 수 있을지 말이다.

사실 사람 노릇 잘 못한다. 대학 1학년 1학기 때 중간시험 성적표가 집으로 날아왔다. 특별히 부모 앞으로 와서 얼른 성적표를 펴 보았더니 전체적으로 성적이 좋지 않았고 한 과목에서 '낙제'가 있었다. 헐... 공부 못하는 줄은 알았지만 그래도 낙제는 아니지 않은가?

물론 내가 아들에게 공부 잘하라고 강요하는 엄마는 아니다. 공부 잘해서 인생 행복하라는 법 없다는 걸 잘 알고 있어서 강요하지는 않았다. 부가적으로 얘기하면 중고등학교 때 나보다 공부 못한 여동생들이 지금 다 나보다 잘 살고 있다.

아들이 소위 좋은 대학에 가지도 못했지만 그래도 낙제는 아니지 않은가? 누구나 받는 지역 장학금을 받으려면 학점 C 이하가 나오면 안 된다. 장학금도 날아갔다. 요즘 대학이 아이들 장래 생각해서 과목 낙제를 주지 않는다고 하던데 이건 출석도 제대로 안 했다는 얘기다. 화가 머리끝까지 났다. 아들에게 추궁하니 태평하게 대답한다.

'엄마! 한번 실수할 수도 있지!'

내가 너무 태평하게 키웠나 보다. 사정을 알아보려 학교에 전화를 했다. 과 사무실에 연결이 되어 아들 이름을 대고 어떻게 된 거냐고 물으니 기가 막혀하는 분위기였다. 성인인 아들의 성적 문제로 학부모가 항의하려고 전화했다고 생각한 모양이었다. 단호하게 말했다.

'아드님 성인이세요. 학부모님이 이러면 안 되세요'

'아니 그게 아니라 우리 아들 출석도 안 한 거죠?
호되게 야단 좀 쳐주세요. 엄마 말을 안 들어요.'

전화 받으시는 분이 약간 머뭇거리더니 담당 교수에게 말을 전해 주겠단다. 내 전화번호를 알려 주었다. 세상이 냉혹하다는 걸 더 세게 알려 주어야 한다고 생각했다.

화장품 포장 공장에서도 아이가 막 행동할까 봐 걱정되어 신신당부했다. 가서 반장님 말씀 잘 듣고 일할 때 핸드폰 보지 말고 열심히 일하라고. 세상은 냉혹하다고.

아침 8시 50분, 사무실에 들어가니 사장과 반장이 모두 50대 여성들이었다. 벌써 김상무에게 들었는지 우리가 들어서자 '모자(母子) 알바' 왔다고 반겨주셨다. 중년 여성 사장님은 아들을 보더니 잘 생겼다느니 덩치가 곰 같아서 일을 잘하겠다느니 너무 귀여워해 주셨다. 아들은 그저 '흐흐흑!' 웃기만 했다.

작업장으로 가는 길에 나는 아들이 철없이 굴까 봐 손을 꼬집으면 정신 바짝 차리라고 당부했다. 그래도 아들은 귀에 이어폰을 꽂으며 말했다.

'내가 알아서 해!'

남자 알바 셋, 여자 알바 셋이 함께 화장품을 포장하는 일은 쉬웠다. 박스도 그다지 무겁지 않았다. 아들은 귀에 이어폰을 꽂고 음악을 들으며 박스를 날랐는데 나는 신경이 쓰였다. 그러나 반장은 상관하지 않는 듯했다.

오후 박스 쌓는 일이 끝나고 다른 작업으로 변경할 때 반장은 아들에게 엄마 옆에 가서 일하라고 말했다. 함께 화장품을 포장하던 다른 알바 언니들이 반가워하며 곰 같은 덩치의 아들에게 귀엽다고 난리였다. 아들은 헤헤거렸다.

내가 포장을 하느라 손을 바쁘게 놀리며 눈을 부릅뜨고 귀여운 척하지 말고 일하라고 하자 아들이 곰처럼 말했다.

'엄마! 그거 냅 둬! 내가 할게!'

다른 언니들이 효자 아들 왔다고 난리 났다. 휴! 속사정은 모르고.

다음 날 아침 9시 10분 집안일을 하고 있는데 김상무에게서 전화가 왔다. 다급한 목소리였다.

"아드님, 어디 아프세요?"

나는 아니라고 말하며 무슨 일이냐고 묻자 화장품 공장에 아들이 출근을 안 했다는 거다. 김상무는 화장품 공장 사장님의 부탁으로 전날 아들에게 그날도 출근해 달라고 문자를 보냈고 아들은 '네! 알겠습니다!' 하고 답을 했단다.

그렇지 않아도 나는 아들에게 직접 연락해 달라고 김상무에게 부탁했었다. 성인이니까. 연락을 받은 아들은 내게 얘기하지 않은 거다.

김상무의 전화를 받고 나는 너무 당황스럽고 미안해졌다. 당장 아들 방으로 들어가 밤새 컴퓨터 게임을 하느라 침대에서

자고 있는 아들의 등짝을 손으로 스매싱했다. 철썩! (그러나 아들은 꿈쩍도 하지 않고 내 손만 아팠다)

"엄마! 왜?"

눈을 비비며 일어나는 아들에게 소리를 빽 질렀다.

"아들! 너 세상이 그렇게 만만한 줄 아니?
네가 안 나가면 피해 보는 사람들이 몇인데?"

아들을 겨우 챙겨 차에 태우고 공장 앞으로 데려다줬다. 그래도 나름 본인 자존심이 있어 공장 문 500미터 앞에서 내려줬다. 엄마가 태워 준거 들키면 안 된다고 아들이 부탁했다. 그리고는 내려서 걸어온 척했다.

김상무에게 전화를 걸어 출근했다고 미안하다고 말하니 김상무가 말했다.

"20대 남자 알바들은 항상 불안불안해요.
출근한다고 말해 놓고도 안 하는 경우가 많아서요."

아이의 대학 과사무실에 전화번호를 알려 준 다음 날 담당 교수에게 전화가 왔다. 나는 전화를 반갑게 받고는 세상이 무섭다는 걸, 성인은 자기 행동에 대해 책임을 져야 한다는 걸 단호하게 가르쳐 달라고 부탁했다. 교수님은 따로 얘기해 보겠다고 말하시며 웃으셨다.

'어머니! 아이한테 너무 심하게 하지는 마세요.
다 실수하면서 배우는 거니까요.'

그렇다! 이제 막 스무 살이 된 아들도 스스로 한 실수를 통해 배워나갈 거다.

## 알바 오빠
### 중후한 오빠, 젊은 오빠

의류 포장 공장에도 남자 알바들이 많이 온다. 여자 알바 7명쯤이면 꼭 한 명쯤의 남자 알바가 붙는다. 주로 무거운 박스들을 옮겨 팔레트에 쌓는 일을 하고 일당도 여자 알바들보다 많다.

남자 알바들도 여자 알바들처럼 보통 50, 60대와 20대로 양분된다. 30. 40대는 거의 없다. 20대 남자 알바들은 진짜 알바들이다. 특징은 6시 땡 하면 박스를 들고 가는 길일지라고 그대로 바닥에 버려두고 퇴근한다.

그런데 중년 남자 알바들은 6시가 넘어도 그 주어진 박스들을 들어 팔레트 위에 올려놓고 퇴근하신다. 알바 출근하면 오기로 한 알바가 오지 않은 경우도 있는데 거의 20대 남자이다.

중간 규모 정도의 의류 포장 공장에 갔던 때였다. 시작한 지 얼마 안 된 회사였다. 머리가 희끗희끗한 정직원 남자 부장이 있었다. 빡빡머리인 부장은 목에 칼자국이 나 있고 특전사 마크가 붙은 티셔츠를 입고 있었다. 출근한 날은 홈쇼핑 방송이 나간 다음이라 택배 나가야 하는 출고 물량이 많았다.

그런데 회사가 시작한 지 얼마 안 되어 알바인 우리 기술에 기대고 있었다. 나를 포함해 7명이 출근했는데 출고 프로세스에 익숙한 알바들이 접착 기계에 붙어 일을 진행했다. 손이 안 보이게 빠르게 박스를 접고 옷을 던져 넣고 접착 기계 안에 밀어 넣은 후 운송장을 붙이고 팔레트에 쌓는 일을 매끄럽게 했다. 알바 언니들의 기술을 부장은 눈이 커져서 침을 삼키며 지켜봤다.

'여사님들! 어떻게 일을 그렇게 빨리 해요! 와 대단하다!'

점심 식사 자리에서 부장은 탄복했다. 알바 언니가 물었다.

'특전사 기술보다 낫죠?'
'비행기에서 낙하산 지고 떨어지는 것보다 대단하네!'

칼자국이 나 있는 목울대를 울리며 특전사 부장이 대답했다. 오후에 복귀해서도 특전사 부장은 눈을 반짝이며 우리가 하는 일을 배웠다.

부장의 나이는 50대였다. 비행기에서 낙하산 지고 떨어지는 게 세상에 나와 먹고 사는 데 무슨 도움이 되겠는가? 날카로운 눈빛은 접어 두고 순둥한 눈으로 알바들을 쫓아다녔다.

이후에도 몇 번 더 그 공장으로 나갔는데 부장의 기술은 매번 늘어 있었다. 비행기에서 낙하산 지고 떨어지는 담력과 힘이 도움이 되었을 것이다. 그러나 그것보다 대단한 일은 특전사 부심 따위는 접어 두고 알바 언니들을 쫓아다니는 마음이다. 특전사 마크가 귀여워 보이는 멋진 남자였다.

지금 생각하면 20대 회사 다닐 때 Y도 귀엽고 멋진 남자였다. 전 회사 면접 대기실에서 처음 봤을 때 미친놈처럼 보였는데 점점 괜찮아졌다. 내가 K 과장 옆에서 험한 얼굴로 앉아 있을 때나 탕비실에서 커피를 탈 때 기존파에게 외면당하면 다가와 벙글거리고 웃으며 실없는 농담을 던졌다. 그래서 굳은 얼굴을 펴고 웃을 수 있었다. 영업을 하기 때문에 자주 사무실에 없지만 어쩌다 있을 때면 꼭 나와 식사를 함께 해 서러움을 이길 수 있었다.

K 과장이 방해에도 불구하고 내가 주관했던 고객 대상 세미나가 성공한 다음 주 월요일 오전 사무실은 조용했다. 그때 S 영업부장에게 보고하던 Y는 갑자기 실없는 농담처럼 사무실 다 들으라는 듯 큰 목소리로 말했다.

'부장님! K 통신 부사장님 세미나장에서 만나셨다면서요? 잘 돼 가세요? (고개 돌려 P 차장을 보며) P 차장님도 만나지도 못했던 S 전자 기술 개발 부서장님 세미나장에서 인사하셨다면서요? 다 김 과장이 미친년처럼 일한 탓이야!!'

그 말을 들은 S 부장과 P 차장은 피식 웃었다. 그러나 그 말을 K 과장도 들었고 옆에 있던 나는 눈물이 찔끔 났다. 나를 알아주는 유일한 사람이구나. Y가 너무 고마웠다. 거의 4년 동안 나와 밥 먹어 줘서 고마웠고 실없는 농담을 던져줘서 고마웠다.

기존파와는 말도 제대로 섞지 못하는 나와 달리 Y는 기존파와도 잘 어울렸다. 벙글거리는 웃음과 실없는 농담이 가장 큰 무기였다. 첨예한 갈등 상황을 잘 알고는 있었지만 그걸 티 내지 않고 농담으로 풀어낼 줄 알았다. 한마디로 인간관계를 잘 할 줄 알았다. 나는 그게 부러웠다.

중고등학교 때 성적이 좋은 모범생이었던 나는 친구들을 잘 사귀지 못했다. 요즘은 다를 것이다. 성적이 좋아도 친구들과 잘 어울린다고 한다. 그러나 나는 그런 걸 하지 못했다. 당시에는 친구들과 노는 애는 그냥 노는 애였다. 친구 관계를 잘하지 못해도 공부만 잘하면 다 용서가 되는 때였다. 한마디로 범생이 왕재수 덩어리였다.

그래서 인생에서 가장 중요한 걸 놓쳤다. 친구들과 함께 놀며 다른 사람의 생각과 감정을 이해하고 필연적으로 생기는 갈등을 잘 조절하면서 원만하게 지내는 기술 말이다. 그건 단지 인간관계를 잘한다는 뜻만은 아니다. 내가 내 머리로 생각해서 뭔가를 선택하고 결정할 줄 안다는 뜻이다.

공부만 잘하는 모범생은 자기 머리로 스스로 생각하지 못하고 남들이 만들어 놓은 기준에 따라 남들 생각대로 산다. 내가 대학을 졸업한 후 사회에 나왔을 때 가장 못한 부분은 스스로 생각하는 법이었다. 그래서 많은 어려움을 겪었다. Y가 갈등을 잘 파악하고 적절하게 행동했다는 건 스스로 생각하는 사람이라는 뜻이다. 비록 대학도 나오지 않았지만 사람 사이 관계를 잘하는 Y가 부러웠다. 나보다 한 살 연하지만 오빠라고 부르고 싶었다.

50대, 의류 포장 공장에 일이 없어 일반 잡화 포장 공장으로 알바 간 날에도 오빠라고 부르고 싶은 중년 남성을 만났다. 나는 머리가 희끗희끗한 중년 남자 알바와 함께 일하게 되었다. 어린이 장난감들을 포장하는 일이었다.

무거운 마분지를 옮겨 디자인 대로 접고 조립하는데 마분지가 크고 무거워 남자 혼자서는 들 수 없었다. 물론 나는 함께 날랐다.

'이거 혼자 해도 되는데... 다른 무거운 건 절대 들지 마세요!'

깔끔한 옷차림의 남자분은 중후한 목소리로 미안해하셨다. 다른 부속품들을 들을 때도 여자 알바들이 절대 못 들게 하고 혼자 날랐다. 그러나 종이 장난감을 조립할 때는 역시 섬세함이 부족했다. 여자 알바들처럼 빠르고 세밀하게 하질 못했다. 가끔 실수할 때 내가 도와드렸다.

'고맙습니다!'

그분은 정중하게 말씀하셨다. 점심 식사 후 우연히 말을 하게 되었다.

'저 대기업 이사였어요'

누구나 다 아는 이름의 대기업이었다. 그럼 퇴직금도 많이 받았을 텐데 편안하게 쉬시지 왜 이런 일을 하느냐고 내가 묻자 역시 예상대로 대답하셨다. 골프도 치고 등산도 가고 해외여행도 가지만 이렇게 일하는 즐거움도 있다고. 다른 사람들이 무시하지 않느냐고 묻자 무시 좀 당하면 어떠냐며 대답하셨다. 세상에는 무시당하는 사람들이 훨씬 많은데 말하시며…

60대인 그분은 오후 작업에 복귀해서도 나이 어린 반장 지시도 잘 따르고 여자 노동자들 무거운 거 들지 못하게 혼자 척척 들었다. 비록 막노동을 할지라도 말도 정중하시고 배려가 넘치시는 품위 있는 인간의 모습이다. 힘도 세신 그분에게 알바 언니들이 불러 드렸다.

'오빠!'

# 외국인 노동자가 가는 곳
## 열악한 그들의 자리

자기 구역에 일이 없을 때 김상무는 가끔 나를 인력 업체의 다른 직원 구역으로 원정 보내기도 한다. 그중 하나가 돼지고기 포장 공장이었다.

식품 소분 포장 공장답게 작은 규모였고 공장 안은 냉장고처럼 추웠다. 일하는 사람들은 하얀 위생복을 입고 머리에는 위생 모자를 신발에는 위생 커버를 쓰고 공장 안으로 들어갔다.

들어가자마자 돼지고기 비릿한 냄새가 진동했다. 사방 벽은 산업용 냉장고로 둘러싸여 있고 중앙에는 커다란 도마들이 놓인 넓은 철제 작업대가 있었다. 도마 옆으로는 크고 날카로운 고기 절제용 칼들이 나란히 줄지어 있었다.

알바 언니 10명쯤이 작업대 하나를 둘러싸고 다른 테이블에는 동남아 노동자들이 10명쯤 있었다. 한국말을 하나도 못 하고 알아들을 수 없는 말로 얘기했다. 방글라데시 출신이었다.

그런데 업무 지시를 하는 반장이 방글라데시 남자였다. 한국말을 곧잘 했다. 벌써 여러 번 이곳에 온 알바 언니는 익숙하게 동남아 반장과 얘기하며 지시를 받았다. 반장은 냉장고에서 고깃덩어리를 꺼내와 칼로 쓸어 소분해 포장하는 방법을 알려 주었다. 다들 귀 기울여 들었다.

반장은 방글라데시 노동자들이 있는 다른 작업대로 가 방글라데시 말로도 작업 지시를 했다. 그들도 지시를 잘 들으며 작업을 익숙하게 했다.

한 눈에도 방글라데시 반장이 자기 고향 사람들을 데려온 게 보였다. 점심시간, 수더분해 보이는 방글라데시 언니에게 말을 건넸는데 한국말을 거의 못 했다. 전에 음반 포장 공장에서 만난 필리핀인 걸그룹 옷차림 언니와는 딴판이었다. 겨우 소통한 게 자기들은 근처 빌라 하나를 빌려 남자, 여자가 따로 살고 있다는 내용이었다. 자동차로 출퇴근하고 있다고 했다. 방글라데시 시골에서 왔다는 것 정도 알아들었다.

1년 전쯤 명절 때 시골 고향으로 내려가 친척 집에 인사 간 적이 있었다. 점심밥을 함께 먹었는데 그 자리에 예쁘장한 동남아 여성이 있었다. 먼 친척의 며느리이자 조카의 아내였다. 2살 아기가 있었고 태국에서 왔다고 했다. 22살이라고 했던 것 같다. 친척이 하는 세탁 공장에서 만났다고 한다.

친척은 근처 주로 호텔이나 모텔에서 나오는 침구류 등을 수거하여 세탁하는 공장을 운영하고 있었다. 연휴 마지막 날이라 그런지 친척은 식사가 끝나자 마자 세탁물이 많다고 아들 며느리와 함께 공장으로 간다고 했고 나는 구경을 하자고 부탁했다.

공장은 버스도 다니지 않는 외진 곳 낮은 산자락에 있었다. 자동차를 타고 구불구불한 산길을 돌았다. 험한 길을 지나 세탁 공장 근처에 가자 축사 냄새가 심하게 피어났다. 왕파리와 모기도 날아들었다. 손으로 쫓으며 공장 문을 열고 들어서자 커다란 세탁기 돌아가는 소리와 건조기의 뜨거운 열기가 훅 밀려 들어왔다. 귀가 아프고 머리가 좀 어지러웠다. 그런데 요란한 태국어가 들렸다. 며느리에게 인사하는 태국 노동자들이었다. 5명쯤 더 있었다. 아까 친척 집에서 얘기했던 며느리의 태국 고향 사람들이었다.

나는 그들에게 말을 걸려고 했지만 친척이 나를 막았다. 사실 친척은 태국 며느리와 내가 말하는 것도 꺼려했다. 며느리가 한국말을 잘 못하기도 했지만 나와 얘기할 때 남편인 조카와 친척이 옆에서 지켜봤다. 며느리가 하는 말을 이들이 옮겨

주었다. 그들도 태국어를 잘하는 편이 아닌데도 말이다. 며느리도 계속 시아버지를 흘낏흘낏 쳐다보며 말을 아꼈다.

나는 '태국 며느리가 한국어도 제대로 못 하는데 왜 조카와 결혼했을까?' 하는 생각이 들었다. 친척 집에서 밥을 먹으며 얘기할 때 아버지가 적극적으로 이 결혼을 주선해 태국에서 결혼식을 했다고 남편인 조카가 사진을 보여준 게 기억이 났다.

그때 친척이 동남아 노동자들을 공장에 묶어 두기가 무척 힘들다고 다만 만원이라고 월급이 싼 데로 옮겨간다고 불평했었다. 요즘은 페이스북 같은 SNS가 무척 발달해 이들이 너무 쉽게 그런 정보를 얻는다고 얼굴을 찡그렸다. 며느리는 어눌한 한국말로 공장에 동네 친구들이 많이 와서 좋다고 웃었었다.

나는 그 공장에 조금 더 머물며 버스도 안 다니고 들어오는 길도 힘며 축사 옆에 있어 심한 냄새를 풍기는 이 산속에 왜 공장을 만들었을까 생각하게 되었다.

얼마 전에는 김상무 일이 비던 날 근처 세탁 공장에 하루 알바를 나간 적이 있었다. 그 공장도 재활용품 처리 업체 옆에 있어 들어갈 때 주변 상황이 불결했다. 역시나 공장 문을 열자 대형 세탁기 돌아가는 소리와 건조기에서 피어오르는 뜨거운 열기가 훅 끼쳐와 기분이 좋지 않았다.

그곳에는 젊은 동남아 남녀가 일하고 있었다. 하루 종일 시끄러운 기계 소리를 들으며 건조기의 뜨거운 열기 속에서 일하니 귀가 아프고 머리가 어지럽고 속이 메스꺼웠다. 내부 공기가 좋지 않아 내가 문을 좀 열자고 요청하자 사장은 단호하게 안 된다고 말했다. 외국 이주민 지원 단체에서 가끔 봉사를 나갔던 나는 이것이 불법 점검을 피하려는 일이라는 걸 눈치챘다. 동남아 남녀는 불법 체류자인 것 같았다.

돼지고기 공장에서 일하던 외국인 노동자들은 합법이었다. 이들은 한국에서 중고 자동차를 사 몰고 다녔다. 한국 대중교통을 이용하는 게 불편하기도 할 것이다. 퇴근할 때 보니 신나게 자동차에 올랐다. 자신들의 나라에서는 부자만 자가용을 살 수 있는데 한국에서는 할부로 싸게 살 수 있어 눈이 돌아간다고 공장 직원이 스치듯 말했다.

이슬람 출신 남자들은 대중교통에서 자기 아내가 다른 남자를 못 보게 하기 위해 자동차를 무리해서 마련한다고 한다. 1~2년 한국에서 지나고 나면 조금 활달한 남성들은 공장이나 농장을 그만두고 중고차 중개업을 한다. 그걸로 돈 많이 버는 이들도 생겼다. 그러나 그런 이들은 소수이고 항상 비자 문제 때문에 불안해하며 살고 있다. 어느 날 자주 보던 외국인 노동자에게 갑자기 연락이 안 된다면 거의 90% 한국에서 추방된 것으로 알아야 한다.

나는 김상무 구역에서 외국인 노동자를 본 적이 거의 없다. 왜냐하면 비교적 근무 환경이 좋고 일당이 센 곳이기 때문이다. 김상무 소개 없이 간 곳들은 환경이 나빴다. 외국인 노동자 일당이 한국인보다 낮은 편은 아니다. 농사를 짓는 우리 시댁에서도 일손이 한창 필요할 때 일당을 세게 주고 이주 노동자들을 찾는다. 한국인들을 쓰고 싶지만 없다고 한다. 밭에서 하루 종일 땡볕을 받으며 허리 숙여 모종을 심거나 잡초를 뽑고 농약을 주는 그런 일을 한국인들은 하지 않는다. 그런 곳에 외국인 노동자들이 있다.

## 잘 되는 회사, 안 되는 회사
### 협력하는 회사, 불화하는 회사

김 상무 회사의 동료 소개로 간 곳 중에는 대형 창고가 있고 보관된 상품들을 피킹해 포장, 발송하는 일을 하는 공장들이 있었다. 첫 번째로 간 회사는 커다란 창고가 여러 개 있는 규모가 큰 곳이었다.

그중 창고 하나로 갔는데 아침에 출근하자마자 싸늘한 공기가 엄습하는 듯했다. 40대로 보이는 여자 반장은 냉랭했고 20명쯤 되는 알바들은 쥐 죽은 듯 말도 안 하고 있었다. 나만 처음 출근해 두리번거리고 있었지 다른 알바 언니들은 반장 앞에서 말 한마디도 안 하고 굳은 얼굴로 서 있었다. 의류 포장 공장에 아침에 출근해서는 아는 얼굴들을 만나 웃으며 인사하고 커피 한잔을 마시며 날씨 얘기, 출근길 얘기하는 분위기와는 너무 달랐다. 냉랭한 분위기에 몸이 움추러들었다.

반장은 자신 앞에 선 20명 정도의 알바들에게 포장 박스 만드는 일부터 시켰다. 박스를 만들고 있는데 '왜 이렇게 느려요!' 하는 20대 남자의 목소리가 들렸다. 돌아보니 20대 남자 직원이 40대 반장 언니에게 소리 지르고 반장 언니는 고개를 숙이고 있었다. 내가 힐끗 쳐다보자 옆에서 일하던 다른 알바 언니가 신경 쓰지 말라는 눈치를 보이며 눈을 꿈쩍거렸다.

곧이어 반장은 창고 선반에 정리된 상품들을 주문된 목록대로 피킹(picking, 주문장에 나오는 대로 상품을 모으는 일) 하는 일을 내게 가르쳤다. 역시 처음이라 첫 번째 상품을 잘 못 집자 반장이 야단을 쳤다. 나는 기분이 조금 나빠졌다.

그러나 나를 야단친 반장이 돌아서자마자 20대 남자 직원이 뒤에 서 있는 걸 발견했다. 남자 직원은 상품 위치를 바꿔 놨다고 반장에게 소리 질렀다. 내가 서 있는 바로 앞에서 말이다. 여자 반장이 고개를 숙이고 작게 말했다.

"아까 실장님이 위치 바꾸라고 해서요.
다시 돌려놓을게요. 죄송합니다. 실장님!"

순간 나는 내 기분 나쁜 건 다 날아가 버렸다. 반장이 불쌍해졌다.

비슷한 일은 계속 이어졌다. 변경된 작업 지시를 듣느라 20명 알바들이 나란히 서서 보고 있는데도 20대 남자 실장은 40대 여자 반장에게 소리 질렀다. 박스 접는 방법이 틀렸다느니, 팔레트에 놓인 박스들이 가지런하지 않다느니 하는 사소한 것들이었다. 여자 반장의 얼굴이 붉어졌다. 오늘 하루만이 아니라 매일매일 그런 일을 당하고 있는 것이다.

남자 실장이 지적한 사소한 것들을 고치느라 작업이 지연되었다. 점심을 먹는 공간도 따로 없었다. 근처에 식당이 없어 도시락을 싸 가지고 갔는데 알바들을 위해서는 작은 휴게실이 하나만 있었다. 휴게실 안에는 작은 테이블과 의자 5개만 있었다. 알바들만 30명이 넘었는데 밥 먹을 곳이 없었다. 결국 오전 내내 서서 일한 우리는 서서 찬 도시락을 먹어야 했다.

퇴근 무렵에 그날 작업량이 다 끝나지 않아 알바들만 먼저 퇴근하고 반장과 실장이 남아 마무리를 짓고 있었다. 나중에 들으니 알바 언니들 사이에 악명이 자자한 회사였다. 안 되는 회사였다.

20대에 내가 다닌 회사도 안 되는 회사였다. 사내 갈등은 점점 깊어만 갔다. 세미나를 하는데 K 과장이 회사가 보유한 리셀러 명단을 내놓지 않는다든지 주요 파트너에게 홍보 일을 하는 나에 대해 뒤에서 비방을 한다든지 하는 말도 안 되는 일이 발생하는 곳이었다. 영업을 한 경력이 없는 대표 이사는 매출로 실적을 판단하는 곳에서 영업부를 통제하지 못했다.

결국 사고는 발생했다. 대표 이사의 실적은 분기별로 매출 목표액을 달성하는 것으로 평가가 된다. 대표 이사는 영업에 주요한 역할을 하는 S 부장을 이사로 승진시키고 연봉을 올려주는 노력을 했지만 그 밑에 있는 P 차장은 여전히 불만이었나 보다. 그러나 P 차장은 능력이 있는 영업맨이었고 주요 통신사를 담당하고 있었다.

분기 마지막이 가까워져도 매출 목표가 달성되지 못할 것 같으면 영업에서는 보통 총판에 주요 고객사 매출을 보장시키고 깊은 할인을 제시하며 장비를 미리 당겨서 구매해 줄 것을 요청한다. 그러면 보통 분기 매출을 달성하게 된다. 일반적으로 총판은 그런 요구에 응하는데 그때 P 차장은 주요 고객인 통신사 매출 보장을 못 하겠다고 선언했다. 그 말을 듣고 대표 이사가 격노했다.

P 차장은 K 과장과 매우 친한 사이였고 그런 영향으로 3년이 넘어가는 동안 나는 P 차장과 말도 한번 제대로 한 적이 없

었다. 단 그때 고객 세미나를 빼면 말이다. 그때 거의 유일하게 말을 해봤다. 보통 대표이사실에서 잘 나오지도 않는 대표이사가 영업부와 마케팅이 있는 사무실로 나와 화를 내었다. 나는 머리가 어지럽고 속이 메스꺼워졌다. 사실 그즈음 나는 밤에도 제대로 자지 못했다. 몇 번이고 아래로 떨어지는 낭떠러지 끝에서 발이 묶인 채 가위에 눌렸다. 이곳이 바로 전쟁터였다.

결국 대표 이사는 사임했다. 나는 환한 대낮에 낭떠러지에서 떨어지는 기분이었다. 50대 나였다면 그때 회사를 그만두고 다른 회사를 찾았을 것이다. 머릿 속에 이명이 울리고 K 과장을 보면 숨이 가빠지고 밤마다 가위에 눌리고 있다면 그런 상황에서 도망가야 한다. 돌아가는 상황이 합리적이지 않고 내가 그 속에 빠져 있지만 도무지 어떻게 할 수 없이 파괴되고 있다면 그 격류에서 벗어나야 한다. 아무리 돈을 많이 받고 남들도 좋은 직장이라고 부러워하더라도. 때로는 도망가는 것이 제일 좋은 생존의 방법이다. 안 되는 회사였다.

그러나 나는 잘되는 회사도 보았다. 50대 나는 창고와 택배 포장을 대행하는 다른 회사에도 갔다. 그곳도 처음 간 곳이었다. 아침에 출근하자마자 30대로 보이는 여자 직원이 처음 본 얼굴이라며 커피와 따뜻한 물이 있는 위치를 알려 주었다.

"아직 시작하려면 시간 있으니까 커피 한잔 드시고 하세요!"

웃는 얼굴로 인사를 하자 내 마음에는 열심히 일하고 싶은 의욕이 불끈 솟았다. 5명쯤의 다른 알바 언니들과 포장 기계에 붙어 일을 시작하게 되었다.

포장해야 할 상품 종류가 바뀌어서 작업 방법을 자주 바꾸어야 했다. 그러나 30대 여직원은 능숙하게 바뀌는 방법들을 알려주며 조금 지연되더라도 그 시간을 기술로 메꿔나갔다. 유연하게 머리를 쓸 줄 알았다.

바뀌는 방법이 작동하지 않으면 다른 라인에 있는 직원에게 물어봤고 그 직원들도 가능한 한 우리가 작업하는 기계로 와

살펴주었다. 부드럽고 친절하게 서로 배려하는 말투였다. 협력해 일하면서 바뀌는 방법을 적용해 나갔다.

그날 우리는 작업 목표를 달성한 것은 물론 다음날 작업까지 당겨서 했다. 퇴근 무렵 30대 여직원은 기계를 떠나는 우리에게 밝은 얼굴로 깍듯하게 인사했다.

"언니들! 너무 수고하셨습니다. 감사합니다!"

나중에 다른 알바 언니들과 얘기해 보니 그 공장은 분위기가 좋은 회사였다. 즐겁게 일할 수 있는 곳이었다. 공장 앞으로는 커다란 택배 트럭들이 끊임없이 드나들었고 나는 그 공장에 또 가고 싶었다.

01. **거대한 바벨탑** – 화와 짜증에 찬 사람들
02. **산더미 같은 카트** – 바벨탑 안으로 날아든 비둘기
03. **숨 막히는 더위, 좀비 같은 노동자들** – 에어컨은 진정 안 되는가?
04. **영혼까지 잠식한 빨리빨리!** – 편리함의 이면

# PART 03
# 대형 물류 센터 알바

**05. 업무 교육보다 안전 교육** - 숨 막힐 듯 밀려드는 물건 파도
**06. 특급 호텔급 화장실** - 끊임없는 혁신
**07. 복수를 하다!** - 블랙 리스트 사건
**08. 알고리즘의 제국** - 알고리즘 속 인간들

# 거대한 바벨탑
## 화와 짜증에 찬 사람들

여름 장마 기간 일을 나가지 못하게 되자 몸이 근질거렸다. 육체노동을 하지 않으면 안 되는 몸이 된 것이다. 더군다나 밖에서는 비가 주룩주룩 내리고 우울해졌다. 일을 하며 우울증이 거의 사라졌는데 말이다. 다시 알바 앱을 켰다.

대형 물류 센터 알바 광고가 반짝거렸다. 집에서 멀지 않은 곳에 있었다. 전에는 너무 힘든 일이라는 얘기를 듣고 신청하지 않았지만 이번엔 달랐다. 나는 막노동에 익숙해진 몸 아닌가? 얼른 지원을 했다. 환영한다며 아침에 셔틀버스를 타고 오라는 문자가 날아들었다.

다음 날 아침 7시 셔틀버스를 탔는데 사람들로 가득 찬 버스 안은 서로 얘기도 하지 않고 조용했다. 물류 센터는 14층짜리 거대 건물이었다. 버스가 센터 건물로 진입하자 제일 먼저 1층 개방형 거대 통로가 보였다. 외부에서 하나의 건물로 봤던 것과는 다르게 대형 트럭들이 드나들 수 있는 도로형 통로가 가운데 있고 양쪽으로 창고 플랫폼이 쌍둥이처럼 서 있었다.

나는 당연히 1층에서 내릴 줄 알았다. 그런데 버스가 옆 경사면을 오르게 시작해 어지러이 경사 도로를 돌았다. 원통형 도로를 버스가 빙글빙글 돌아가는데 돌 때마다 옆 벽 사이로 2층, 3층 등등 거대 플랫폼들이 보였다. 1층과 마찬가지로 가운데 도로를 둔 쌍둥이형 플랫폼이었다. 계속 돌다가 버스는 마침내 6층 통로로 진입했다.

다른 층과는 달리 6층은 하늘이 뻥 뚫려 있어 창고 플랫폼이 마치 거대한 쌍둥이처럼 마주 서 있는 것처럼 보였다. 바벨탑 같았다. 가운데 통로에는 여러 지역 이름을 달고 도착한 셔틀

버스들이 하나씩 멈춰 사람들을 토해내고 플랫폼에 붙은 좁은 옆길로는 출근한 사람들이 바삐 움직이고 있었다. 플랫폼 안쪽 창고에는 거대한 선반들이 줄지어 섰고 그 안으로 물건들이 빼곡히 꽂혀 있었다.

나도 버스에서 내려 움직이는 사람들을 따라 출근 체크 구역으로 갔다. 여기서는 출근 체크가 개인 소유 핸드폰에서 이루어져 회사 직원 앱을 깔고 출근을 신고한다. 그런데 앱은 외부 데이터망으로는 접속할 수 없고 오직 여기에서만 작동하는 회사 와이파이로만 연결이 된다. 그래서 데이터망을 끄고 회사 와이파이에 연결시켜 출근 체크를 했다. '처음 출근하는 사원을 위한 출근 체크'라고 입구에 붙은 안내문을 보고 앱을 터치해 나갔다.

출근 체크 구역에는 '출고', '입고', '허브', '품질검사'라는 줄이 각각 다르게 있었고 가장 긴 줄은 '출고'였다. 고객 주문에 따라 창고에 쌓인 물건을 찾아 포장을 해 내보내야 하니 당연히 가장 많은 인원이 필요한 부서이다. 나도 '출고'로 배정되어 있었기 때문에 긴 줄에 가서 섰다. 내 순서가 와 출근 체크한 핸드폰을 보이자 잘 못 됐다고 직원이 화를 냈다. 내가 처음 왔다고 밝혔음에도 직원이 '그것도 못하냐?'는 말투였다. 이것이 그날 하루 욕받이가 된 시작이었다.

줄 옆으로 나가 기다렸다가 모든 출근 체크가 끝난 후 처음 출근한 십여 명과 함께 다시 출근 체크를 했다. 그러자 직원이 사원증과 함께 붙은 작은 열쇠를 주며 옆에 즐비하게 늘어선 캐비넷으로 가 핸드폰을 넣어 두라고 말했다. 이 회사가 사람들 사이에 악명이 높은 바로 그 정책이다. 하루 종일 핸드폰을 사용할 수 없는 것이다.(위험한 작업장 환경을 생각한다면 물론 이해가 가는 정책이다)

단기 알바 사원증에 붙은 번호대로 캐비넷을 찾아가 핸드폰과 들고 온 가방을 넣어두고 오늘 처음 온 다른 사람들과 함께 교육장으로 갔다. 100여 명쯤 수용될 것 같은 교육장에서 교육 동영상을 봤는데 기본적인 용어와 안전 교육이었다. 어떻게 일하는지에 대한 노동 가이드는 없었다. 1시간 교육을 들은 후 직원은 오늘 처음 온 모두를 2층으로 데리고 내려갔다. 가면서 쌍둥이 빌딩을 A동과 B동으로 나눠서 알려주었다.

'처음 오시는 분들은 A동 B동도 잘 구분 못하세요'

그 말을 듣고는 비웃었지만, 그날 그 말이 사실임을 나중에 알았다. 직원은 처음 온 우리들을 데리고 6층에서 시작하는 계단을 내려갔고 길고 기나긴 계단을 내려가 2층에 도착했다. 그게 A동인지 B동이었는지는 지금도 모르겠다. 2층은 확실하다.

출입구에서 사원증을 슬라이딩 입구에 치고 들어가자 거대한 창고가 눈에 들어왔다. 천장이 거인처럼 높았고 거대한 공간 안에 칸막이가 쳐져 물건들이 빼곡히 차 있었다. 주로 세재, 쌀 포대, 샴푸 박스, 음료 팩 박스, 분유 박스 등등이었다. 한눈에 보기에도 무거운 물건들이었다. 칸막이 사이 공간 통로에는 노동자들이 집품 박스를 여러 개 실은 카트를 끌고 다녔고 창고 가장자리에는 컨베이어 레일이 구불거리며 돌고 있었다.

신입 알바인 우리들은 관리자가 있는 구역으로 가 핸드폰과 비슷한 PDA를 각자 받았다. 매니저는 PDA가 시키는 대로 지정한 상품이 있는 칸막이를 찾아가 PDA로 상품 바코드를 찍으라고 했다. PDA에 '성공'이라고 뜨면 집품 박스에 상품을 넣고 카트에 올린 후 컨베이어 레일로 가 집품 박스를 레일 위로 올리면 된다고 친절하게 알려 주었다. PDA가 시키는 대로만 하면 되는 비교적 간단한 절차였다.

지시를 듣고는 카트를 집고 집품 박스를 집어 올리고 PDA로 박스 바코드를 먼저 찍은 후 PDA 화면에 나타난 칸막이 구역으로 갔다. PDA에 나타난 상품은 과자였다. 해당 과자를 찾아 PDA로 바코드를 찍으려고 하는데 찍히지 않았다. 나는 당황했다. 여러 번 더 찍었는데 화면에 자꾸 '실패'라고 떴다. 할 수 없었다. 관리자 구역으로 한참을 걸어가 안 된다고 얘기했다. 당장 관리자가 얼굴을 찡그렸다.

'아까 내 얘기 제대로 안 들으셨어요?'

들은 대로 했다고 말했지만 내 말은 들은 체도 안 했다. 일단 내 카트가 있는 구역으로 한참 걸어가 안 찍히는 걸 보여 줬다. 그러자 관리자가 과자 박스를 뒤로 돌렸다. 거기에 또 다른 바코드가 있었다. 그 바코드를 관리자가 PDA로 찍자 화면에 '성공' 경쾌한 메시지가 떴다. 관리자가 한심하다는 얼굴로 나를 보더니 말했다.

'바코드가 여러 개 있을 때도 있단 말이에요'

'그렇구나!' 하고 내가 잘못한 거라고 생각했다. 관리자는 냉랭하게 돌아서 휙 가버렸다. 아까 관리자 구역에서 친절하게 설명하던 때와는 딴판이었다.


두 개쯤 다른 물건을 찍은 후 다른 칸막이로 가 PDA가 가르쳐 주는 대로 다른 과자 박스를 집어 바코드를 찍었다. 이번에도 '실패'하고 화면에 떴다. 자신 있게 박스를 뒤로 돌려 다른 바코드를 찾아내 PDA로 찍었다. 그런데 또 '실패.' 거기 말고도 바코드가 또 하나 있어 또 찍었다. 또 '실패!'

아까 관리자의 짜증 난 얼굴이 겁이나 도움을 청하러 가기 싫었지만 어쩔 수 없었다. 다시 한참 걸어 관리자 구역으로 가니 그 관리자가 있었다.

'또 안 돼요!'

말하자 관리자가 얼굴이 험해지더니 혼잣말하듯 말했다.

'오늘 처음 온 알바를 나한테 밀어 넣고 말이야!'

나는 마음이 움추러 들었다. 어쨌든 다시 카트 있는 곳으로 가 관리자가 PDA를 보더니 화를 냈다.

'화면 안 보세요? 박스가 아니라 그 안의 과자잖아요. 박스 뜯고 과자 꺼내서 찍으세요'

맞다. 화면에는 개별 과자 그림이 올라와 있었다. 과자를 꺼내 찍자 '성공'이 떴다. 그런데 이걸 나한테 가르쳐 준 적이 있는가? 없다. 아까 처음 교육할 때 분명히 이 이야기는 하지 않았다. 박스에 여러 개의 바코드가 있을 수 있다는 말도 마찬가지였다. 가르쳐 주지도 않고 화를 내는 건 아니지 않은가?

항의하기도 전에 관리자가 휙 돌아서 가 버려 항의하지 못했다. 그런데 나중에 알고 보니 이런 반응이 이 회사의 기본 태도였다. 관리자들은 항상 짜증과 화에 차 있었다. 바벨탑 안에는 짜증과 화에 찬 직원들이 있었다. 사람들의 노동으로 높이 올라가는 그 바벨탑 말이다.

나는 '나가지 말까' 하는 생각이 들었다. 그러나 그날 나는 카트를 끄는 온갖 종류의 남녀노소를 보았다. 내가 알바 신청했을 때도 이름, 성별, 나이, 전화번호만 알려 줬는데 오라는 연락이 왔다. 나는 학벌이 좋아 잘릴 수 있었지만 그런 걸 보지 않았다. (전에 학벌이 좋아 작은 회사 사무직 자리에 채용되지 않은 경험이 있다) 무거운 거 들 때에도 남녀노소 차별이 없지만 채용 때에도 남녀노소, 학벌 차별하지 않는 게 좋아 나는 다음번 출근 신청을 했다.

## 산더미 같은 카트
### 바벨탑 안으로 날아든 비둘기

결심한 대로 두 번째 가게 되었다. 장마철답지 않게 해가 쨍쨍 내리는 날이었다. 아침부터 무더웠다. 익숙하게 출근 체크를 하고 집품 대기장으로 갔다.

대기장에 약 100여 명이 줄을 지어 있었다. 첫날에는 출근 체크를 하고 바로 교육을 받으러 가 몰랐다. 줄 끝에 아무렇게나 가 섰다. 관리자가 한 명씩 줄을 세더니 30명쯤을 끊었는데 나도 속했다. 관리자가 아무 말 안 하며 줄을 이끌고 건물 입구로 가 6층에서부터 계단을 내려가기 시작하더니 끝없이 내려가 2층으로 들어갔다. 그러자 줄 안에 있던 몇몇이 '휴우!' 하고 한숨을 쉬었다. 그때 나는 그게 무슨 뜻인지 몰랐다.

관리자 구역에 가 PDA를 집고 줄을 서자 관리자가 아침 조회를 하는데 주로 안전에 관한 내용이었다.

'통로 다닐 때 박스나 팔레트에 걸려 절대 넘어지면 안 됩니다. 차키 (물건을 실은 팔레트를 얹어 손으로 끄는 장치)나 지게차 오는지 항상 잘 살피고 다니고 오면 꼭 멈추세요'

어떻게 일해야 하는지 기술은 하나도 말하지 않았다. 집품 박스를 잡고 PDA로 바코드를 찍으니 화면이 지난번과 달랐다. 'L자 카트'라는 메시지가 떴다. 가서 물으니 관리자가 앞에 있던 L자 카트를 손가락으로 가리켰다. 진짜 L자 모양의 카트에 집품 박스 없이 상품이 가득 실려 있었다.

'집품 박스는 하나만 놓고 저런 식으로 상품 쌓으셔야 합니다.'

좀 많아 보였다. 하지만 일당 받으러 알바 온 거 아닌가? 좋다 싫다고 얘기할 처지가 아니었다. 다른 3명쯤도 엘자 카트를 잡고 있었는데 20대 친구도 있었지만 나보다 나이 많아 보이는 머리가 흰 언니도 있었다. 우리는 엘자 카트를 끌고 출발했다.

PDA 화면에 뜨는 구역 칸막이에 가니 음료수 20팩 박스가 산처럼 쌓여 있었다. 박스당 대략 4kg쯤 될까? PDA가 20박스를 실으라고 지시했다. 부지런히 움직이며 20개를 실었다. 허리를 펴니 이마에 땀이 났다. PDA 화면에 '성공'이라고 떴다. 다시 다른 칸막이로 가라고 나타났고 그곳에는 5kg 쌀봉지가 산처럼 쌓여 있었다. PDA가 20개를 쌓으라고 지시했다.

음료수 박스 위에 5kg 쌀봉지를 얹으면 음료수 팩이 찌그러질 것 같았다. 할 수 없이 음료수 박스 20개를 도로 카트에서 내려놓고 대신 쌀봉지를 올렸다. 20개를 실으니 등 뒤에도 땀이 흐르고 숨이 가빠왔다. 그러나 멈출 수 없다. 다시 바닥에 둔 음료수 박스 20개를 쌀 봉지 위에 실었다. 다 싣자, 머리가 어지러웠다. 이번이 겨우 두 번째 물건인데 말이다.

PDA 화면을 보자 다른 칸막이로 가라는 지시가 있었고 거기에는 3 liter 세재 4개들이 박스가 산처럼 쌓여 있었다. 음료수 박스를 한쪽으로 밀고 다시 세제 박스 10개를 쌀봉지 위에 실었다. 온몸에 땀이 줄줄 흘렀다. 그런 식으로 2 liter 샴푸 4개들이 박스와 2kg 분유통 8개들이 박스를 카트 위에 싣고 또 실었다. 더 이상 실을 곳이 없고 숨이 차 헉헉거렸다. 지금 같으면 이 타이밍에 10분은 쉬었을 것이다.

그러나 그때 나는 쉴 수 있다는 생각 따위는 못 했다. PDA를 보니 다음번 물건은 500ml 주방 세제 12개들이 박스였다. 카트에는 물건이 이미 산처럼 쌓여 있어서 더 이상 실을 곳이 없었다. 나는 화가 났다. 아무리 처음이라지만 이건 아니지 않은가?

물건이 산처럼 쌓인 카트를 끙끙 한참을 끌고 관리자 구역으로 갔다.(지금 같으면 카트는 내버려두고 관리자를 불러왔을 것이다) 무게를 이기지 못한 카트 바퀴가 제멋대로 돌아 말을 듣지 않아 서러워 눈물이 나왔다. 겨우 관리자 구역으로 들어가니 노란 조끼를 입은 관리자가 본 체도 안 하고 컴퓨터만 들여다보고 있었다. 새빨개진 얼굴로 가서 말했다.

'물건 실을 데가 없어요'

관리자는 휙 보더니 또 화를 냈다.

'왜 이렇게 했어요? 카트 물건 사람 눈높이보다 높이 실으면 안 되는 거 모르셨어요?'

언제 얘기해 줬는데!!! 그렇게는 말하지 못하고 나는 다르게 대답했다.

'몰랐어요. 그리고 PDA가 자꾸 물건을 더 실으라고 하는데요'

그때 뒤에서 빨간 조끼를 입은 관리자가 나와 말했다.

'야! 너 그거 안 가르쳐 줬어?'

노란 조끼 관리자가 입을 다물었다. 빨간 조끼 관리자가 오더니 내 PDA를 보고는 모르는 메뉴를 눌렀다. 그러자 PDA가 '성공'이라고 말했다. 빨간 조끼 관리자가 화면 안 메뉴를 가리키며 중간에 물건을 끊을 수 있는 기능이라고 알려 줬다. 나는 그제서야 마음이 풀어졌다.

그때 노란 조끼 관리자가 나에게 너무 높이 쌓았다며 물건을 도로 내려놓으라고 지시했다. 나는 숨이 헉 막히는 것 같았다. 그런데 빨간 조끼 관리자가 그에게 눈짓을 하더니 나에게 가라고 말했다. 노란 조끼의 횡포를 빨간 조끼가 막아 주었다.

다시 다른 집품 박스를 집고 바코드를 찍으니 또 엘자 카트가 화면에 떴다. 숨이 헉 막혔지만 할 수 없었다. 그냥 했다. 다시 3 liter 세제 4개들이 박스 20개와 5kg 쌀봉지 20개, 그리고 1 liter 샴푸 4개들이 박스 20개를 숨차게 실은 후 획 PDA를 끊어 버렸다. 이번에는 카트 바퀴도 잘 굴렀다. 일이 훨씬 수월했다. 카트를 관리자 구역에 가져다 두고 PDA를 집품 박스에 찍자 이번에는 일반카트가 떴다. 다행이다!

그렇게 오후 내내 일반 집품을 하며 대략 5만보는 걸은 것 같다. 무시무시한 더위가 개방형 창문을 통해 들이닥치고 있었다. 건물 자체가 데워지는 것 같았다. 그러나 견뎌야 한다. 20대 무시무시한 사내 갈등도 무지하게 참고 견디지 않았는가.

두 번 엘자 카트를 마치자 일반 카트는 쉽게 느껴졌다. 이후에는 집품장에 출근해서 엘자 카트를 미는 일은 없었다. 이 회사의 정책이 아닐까 짐작이 되었다. 처음 출근한 날에는 교육도 하고 쉬운 일만 시킨다. 그러나 두 번째 출근한 날에는 가장 힘든 일을 시킨다. 둘째 날 나가떨어지는 사람들이 많다. 나중에 들으니 택배 트럭 상하차를 하는 허브 쪽에서도 마찬가지라 두 번째 일하러 나온 사람이 쓰러져 결국 앰뷸런스가 왔다고 한다. 두 번째 출근을 버티면 그다음부터는 비교적 수월해지는 것 같다.

과자 섹션에서 박스를 싣고 있는데 비둘기가 날아 왔다. 후드득 날아와 과자 박스 위에 살포시 앉는 게 아닌가? 신기해서 들여다보는데 그럴 만했다. 이곳은 개방형 창문이다. 비 올 것처럼 구름이 낮아지니까 비를 피해 날아든 것 같다. 그때 뒤에서 노란 조끼가 나타났다.

'비둘기 먹이 주지 말고 빨리빨리 일하세요!'

제기랄! 잠깐 비둘기 쳐다봤을 뿐이라고. 비둘기가 휙 날아가고 물건을 실었다. 카트를 끌고 나오는데 빨간 조끼 관리자가 나타나더니 조그맣게 포장된 초콜릿 하나를 불쑥 내밀었다. 나는 눈이 커졌다. 이런 곳에서 초콜릿을 만나다니.

'이거 드시고 하세요, 포장지 뜯어진 게 있어서'

고맙다고 인사하고 초콜릿 포장을 뜯는데 빨간 조끼는 다른 칸막이로 가 그곳에 있는 알바에게도 초콜릿을 내밀었다. 하마터면 이 나이에 설렐 뻔했다.

바벨탑 안에는 좋은 사람도 있고 나쁜 사람도 있다.

## 숨 막히는 더위, 좀비 같은 노동자들
에어컨은 진정 안 되는가?

사흘 후 또 출근 신청을 했다. 해가 쨍쨍 난 날이었다. 이번엔 집품 대기장에서 머리를 쓰기 시작했다. 2층으로 가지 않기 위해 눈알을 굴렸다. 지난번 경험으로 보아 먼저 온 사람들 즉 오른쪽 줄 사람부터 2층으로 간다. 그래서 왼쪽 뒤쪽으로 섰다. 그런데 관리자가 와서 보더니 사람이 많다며 옆쪽으로 와서 서란다. 할 수 없이 시키는 대로 오른쪽으로 가 제일 앞에 섰다. 이젠 어쩔 수 없이 '2층 가겠군!' 하며 실망했다.

그런데 관리자가 숫자를 세고는 내 오른쪽 옆쪽에서 '다 됐어요!' 하더니 가자고 하는 게 아닌가? '앗싸!' 나는 다시 기분이 좋아졌다. 그런데 다른 관리자가 오더니 두 사람 더 데리고 가야 한다며 나와 내 뒤의 사람보고 앞줄을 따라가란다. '이런 제기랄!' 여기는 줄서기가 중요하다. 그냥 운이다.

관리자를 따라 A동 6층에서 계단을 내려가는데 갑자기 4층 출입구로 끌고 들어갔다. '앗싸! 2층이 아니다!' 다시 기분이 좋아졌다. 과연 4층 안으로 들어가니 쌓인 물건들이 2층보다 가벼운 것들이다. 세제 박스도 없고 쌀봉지도 없었다. 선반식으로 놓인 칸막이 안에는 샴푸와 세제가 낱개로 놓여 있었다. 얼굴에 미소가 조금 올라왔다. 그런데 앞에 있는 알바들 얼굴은 어둡기만 했다.

관리자가 하는 아침 조회, 지난번도 들은 안전 교육을 다시 듣고 PDA를 들어 또 기계의 지시를 받기 시작했다. 물건이 가벼워 지난번보다 가뿐히 시작했다. PDA가 지시하는 선반으로 가 물건을 집품 박스에 넣은 지 1시간이 조금 넘었을까? 갑자기 숨이 막히듯 더워지기 시작했다. 2층보다 더 빨리 더워졌다. 고개를 돌려 돌아보니 아뿔싸! 여기는 개방형 창문이 없고 폐쇄된 곳이었다. 바람이 통하지 않아 2층보다 더 더웠다. 군데군데 산업용 에어컨들이 있었지만 그걸로 전체 공기를 차갑게 하기에는 턱도 없었다.

 8시에 일을 시작해 아직 1시간밖에 되지 않아 그래도 참고 일했다. 2만보쯤 걸었을까? 얼굴이 빨개지고 숨이 헉헉거리며 나왔다. 참기 어렵다고 생각하고 PDA 시간을 보니 겨우 10시였다. 퇴근 시간인 6시까지는 까마득하다. 어떻게 견딜 수 있을까? 눈앞이 막막했다.

 고개를 돌리는데 화장실이 눈에 띄었다. 볼일이 생각나 들어가니 에어컨이 빵빵 나오고 있었다. 변기 칸에 들어가 앉으니, 이곳이 천국이었다. 그때 결심했다. 나 혼자라도 2시간마다 10분 쉬는 시간을 갖기로. 호텔급으로 깨끗하고 시원하고 관리자의 눈길이 없다. 숨이 훅 쉬어지는 것 같았다. 이 꿀팁을 다른 모든 물류센터 알바들이 알았으면 좋겠다.

화장실을 나가니 더운 열기가 건물을 데우고 있었다. 다시 헉헉거리며 물건들을 집어 집품 박스에 넣고 카트를 끌고 가 컨베이어 레일이 올리는 걸 반복했다. 너무 힘들었지만, 하소연할 곳이 없었다. 모두 각자 PDA만을 들여다보며 기계처럼 움직이고 있었다.

다행히 점심시간이 일찍 왔다. B동에 식당이 있다는데 찾을 수 없어 남들을 따라갔다. 식당 안에는 사람들이 많았지만, 나는 말할 사람이 없었다. 식판에 밥을 담아 다른 많은 사람들처럼 혼자 앉아 밥을 먹었다. 옆자리에서는 몇몇 사람들이 두셋이 모여 앉아 밥을 먹으며 말을 했지만 대부분은 혼자 밥을 먹고 있었다. 얼음물 생수가 나와 다행이었다.

오후 4층으로 복귀하니 건물은 더 더워져 있었다. 35도가 넘은 것 같았다. 그런데 쉬는 시간이 없었다. 포장 공장에서 일할 때는 2시간마다 꼭 10분을 쉬었다. 어디서나 그랬다. 그런데 이곳에서는 2시간이 되어도 쉬라는 지시가 없었다.

PDA는 계속 '성공! 다음은 B 25번 구역으로 가세요!' 하고 떴다. 터덜터덜 카트를 끌고 가는데 정신이 점점 혼미해졌다. 영혼도 없이 다리만 터덜터덜 움직였고 쓰러지고 싶었는데 쓰러지지 않았다. 맞은 편에서 오는 다른 노동자도 얼굴이 빨개져 눈이 풀린 채 휘청휘청 걸어가고 있었다. 마치 좀비 같았다.

전에 다른 대형 마트에서 카트를 끌다 죽은 남자 얘기가 머리에 떠올랐다. 이 창고는 너무 커서 에어컨이 안 되는 걸까? 하긴 창고 높이가 너무 높기는 하다. 아파트 3개층 높이다. 그리고 너무 넓다. 그렇지만 에어컨을 돌릴 수 없을까?

관리자 구역에는 고급스런 휴게 장소가 있다. 플라스틱 칸막이를 만들어 고급 안락 소파도 들여놓았고 에어컨도 빵빵하게 튼다. 관리자석 바로 앞에 말이다. 그런데 어느 노동자가 다들 마감을 지키느라 바쁘게 뛰는 시간에 용감하게 휴게소에 들어와 혼자 고급 안락 소파에 앉아 에어컨 바람을 맞고 있을 것인가!? 관리자 바로 앞에서 말이다. 다음번 출근 승인 안 받고 싶은가?!

오후에 머리가 하얀 언니와 정수기에서 물을 받아 마시다 우연히 말을 하게 되었다.

'너무 더워서 죽을 것 같아요!'
'내 앞에서 그런 얘기 하지 말어. 내 나이 육십이야.'

헐! 여기서 오래 일했다는 육십 언니는 말했다. 이 회사는 7월, 8월에 알바 모집을 많이 한다고 한다. 회사가 그렇게 알바 구인 광고를 많이 해도 출근 승인이 나는 건 대부분 이때라고. 왜냐하면 7, 8월에 사람들이 일하러 오지 않는다고. 생각해 보니 맞았다. 나도 7월에 출근 신청을 했고 더운 날 일하기 시작했다. 이 회사에서 알바할 기회를 잡고 싶으면 7, 8월에 신청해야 한다. 단 무시무시한 더위를 이길 자신이 있다면 말이다.

좀비처럼 움직이다 6시 퇴근 시간이 되었다. 죽지 않고 살아남았다. 알바들이 퇴근 자리에 모이자 관리자가 뛰어가지 말라고 말했다. 그러나 사람들이 출입구를 향해 죽을 듯이 뛰어갔다. 나는 '왜 이럴까?' 궁금했는데 출입문을 나가 보니 이해가 되었다. 출입문 앞 복도에 사람들이 바글바글 엘리베이터 앞에 줄 서 있었다.

엘리베이터는 도착했지만 다 탈 수가 없었다. 더위로 지치고 얼굴이 빨개진 노동자들이 '휴우!' 한숨을 쉬더니 계단으로 갔다. 어쩔 수 없이 나도 그들을 따라 계단을 오르기 시작하는데 이미 5만보 이상 걸은 다리가 무겁기만 했다. 올라가도 올라가도 핸드폰이 있는 6층이 나오지 않았다. 지옥 같았다. 여기 건물은 보통 아파트 층간 높이의 3배 정도 된다. 숨을 헉헉거리고 심장은 터질 것 같고 등에서는 땀이 줄줄 흘러내렸다. 가다 서다 가다 서다를 했다. 겨우 6층에 도착하자 천국에 온 것 같았다.

핸드폰을 찾아 퇴근 버스에 올랐다. 집에 도착해 현관문을 열고 들어서자마자 거실 바닥에 쓰러졌다. 온몸은 땀에 젖어 있고 몸에서는 열기가 피어 올랐지만 몸을 뒤집을 힘도 없었다. 그대로 누워 밤 12시까지 있었다. 계속할 수 없었다. 나는 나가지 않기로 결심했다.

## 영혼까지 잠식한 빨리빨리
### 편리함의 이면

　가장 더웠던 8월, 나는 대형 물류 센터에 가지 않았다. 그런데 그 한 달 동안 회사에서 계속 문자가 들어왔다. 출근하면 일당에 수당을 붙여 주겠다는 내용이었다. 처음에는 1만 원, 그다음 주에는 3만 원, 셋째 주는 5만 원, 8월 마지막 주는 6만 원이 붙어서 왔다. 앗싸! 내가 그렇게 일을 잘했나! 하지만 나는 다시 그 무시무시한 더위 속으로 기어들어 가기 싫었다.

　그런데 9월 첫 주 최저 임금인 일당에 7만 원을 붙인다는 문자가 들어왔다. 이렇게까지!! 때마침 선선한 바람이 불어오기 시작했다. 나는 출근 신청 버튼을 눌렀다.

집품 대기장에서 눈치를 보고 줄 서는 일은 포기했다. 그냥 아무렇게나 섰다. 관리자가 줄을 끌고 가는데 역시 4층이었다. 하지만 카트를 끌고 다니는 일은 7월만큼 힘들지 않았다. 날씨가 많이 시원해져 있었다. 1시간쯤 일했을까? 갑자기 관리자가 부르더니 B동 포장장으로 가자고 했다.

그때까지도 A동과 B동도 제대로 구분 못 하는 나와 두 명쯤의 알바들을 관리자가 끌고 갔다. 포장장에 도착하니 처음 보는 풍경이 눈 앞에 펼쳐졌다. 거대한 공간 안으로는 컨베이어 레일이 뱀처럼 뻗어져 나와 상품을 담은 집품 박스가 움직이고 있었다. 레일 옆으로 지네 다리처럼 포장 작업대가 나란히 나와 있고 그 안에 노동자들이 일하고 있었다.

각 레일 라인에는 약 12명쯤의 작업대와 노동자가 있었고 라인 하나마다 관리자가 보고 있었다. 그리고 작업대마다 에어컨이 붙어 있었다. 이 지점에서 나는 감격했다. 집품장에서 일할 때는 없던 에어컨이 있었고 난 그걸 모르고 있었다. 이곳에서 일만 했지 다른 알바들과 얘기를 하지 않아 그런 정보가 없었다.

함께 온 알바들과 라인 하나로 들어가 작업대를 배치받았다. 이번에는 작업대 위에 있는 컴퓨터 모니터의 지시를 받아야 했다. 꽁지 머리를 한 라인 관리자가 오더니 로그인하는 법, 모니터의 지시를 보는 법, 포장하는 법을 휙 보여 줬다. 그리곤 3분도 안 돼서 '다 보셨죠?' 하더니 휙 가버렸다. 여기 특징이 그렇다. 관리자들이 일을 제대로 안 가르친다. 아침 조회 때 안전사고는 그렇게 강조하는데 일은 제대로 가르치지 않는다.

작업대 옆으로 상품이 담긴 집품 박스가 도착했다. 일단 관리자가 휙 보여준 대로 작업대 위 스캐너를 잡고 집품 박스 안에서 상품을 집어 바코드로 스캔하기 시작했다. 대강 허둥지둥 컴퓨터 모니터를 보며 포장까지 다 하고 박스를 옆에 있는 운반 레일에 실었다. 그리고 다시 집품 박스 안 상품을 꺼내고 바코드 스캔하려고 보는데 화면에 아직 '송장 바코드를 스캔해 주세요.'라고 지시가 떠 있었다.

송장 바코드 스캔을 안 하고 포장 박스를 보낸 거다. 박스 포장을 마치고 난 후 붙인 송장 바코드 스캔을 해 작업 완료를 컴퓨터에 인식시킨 후 박스를 운반 레일에 올려야 하는 거였다. 실수한 거다. 화면이 넘어가지 않아 다음 작업을 할 수 없었다. 당장 관리자에게 달려가 실수를 보고했다. 관리자는 얼굴을 찌푸리며 억지로 한다는 듯 어떻게 해결해 주었다.

그러나 여러 종류의 상품이 들어오고 거기에 맞춰 포장 방법을 바꿔야 해서 당황스러웠고 에어컨이 돌아가도 여전히 더웠다. 버벅거리다가 또 마지막 송장 바코드를 찍지 않고 포장 박스를 레일에 태웠다. 환장할 지경이었다. 아까 관리자 표정이 안 좋았던 게 마음에 걸렸지만 다시 달려가서 실수를 보고 했다. 관리자의 얼굴이 더 험해졌다.

'아까 내가 보여 준 거 기억 못 해요?'

어떻게 기억하는데!!! 시범 2분 보여주고 그냥 가버렸잖아. 그러나 극 I 형 성격답게 아무 말 못 하고 죄지은 얼굴로 다소곳이 서 있었다. 다시 와서 처리하더니 휙 가버렸다.

오후에 또 같은 실수를 했다. 꽁지 머리 관리자에게 가서 실토했더니 화를 냈다.

'오늘 몇 번째에요? 일 안 하고 싶어요?'

마음이 무너지는 것 같았다. 관리자가 이번에는 해결하지 않고 모른 채 내버려두었다. 다른 사람들이 바쁘게 일하는 가운데 나는 통로에 멍하니 서 있어야 했다. 쓸모없는 인간이라는 생각이 들었다. 다행히 퇴근이 가까운 시간이었다.

여기 관리자들은 알바들에게 제대로 일을 가르치지 않는다. 이후 포장장에서 다시 일할 때 작업대에 있는 송장 프린터 인쇄용지를 갈아 끼워야 했다. 그런 일은 처음이라 나는 관리자에게 가서 보고했다. 그런데 관리자가 짜증 난 얼굴로 쳐다보더니 말했다.

### '열정만 있으면 다 스스로 해결하세요'

열정만 있으면?! 가장 쉽고 일반적인 기술 가르치는데 왜 열정까지 필요한가? 그런데 나중에 알고 보니 '열정만 있으면 다 해결한다'가 회사의 슬로건이란다. 허탈한 내용이었다. 결국 나는 뒤에 있는 알바에게 물어서 해결했다. 친절한 뒷자리 알바가 알려 주었다.

여기 관리자들은 표준적으로 짜증이 많고 화를 잘 낸다. 아침 조회 시간에는 부드럽게 안전 교육을 하면서 개별적으로 가서 뭔가를 얘기하면 일단 얼굴부터 찌푸린다. 가끔 '나한테 와서 말하지 말라는 얘긴가??' 하는 생각이 든다. 그러면 관리자는 왜 하는데??

이 회사는 출고 마감 때 목숨을 건다. 빠른 배송으로 물류 업계에서 성공한 회사이기 때문이다. 낮 동안 하루에 오전 한번, 오후 2번 출고 마감이 있다. 이때 관리자들은 얼굴이 시뻘개져

서 이리 뛰고 저리 뛴다. 아마 마감을 맞추는 일로 실적 평가를 하기 때문인 것 같다. 아침 조회 때 하는 주의 사항과는 다른 편법들이 마구 횡행한다. 무조건 '빨리빨리!'다. 그 외엔 다 눈에 들어오지 않는다.

'빨리빨리'가 영혼까지 잠식한 관리자들이 하루 종일 화를 낸다. 많은 사람들이 온라인으로 구매한 물건을 하루 만에 받고는 편안해한다. 그러나 그런 일을 만들어 내는 사람들은 영혼까지 썩어간다. 편리함의 이점 이면에 이런 불행이 있다.

어쨌든 포장장으로 간 첫날, 실수를 했는데도 다음번 지원했을 때 승인이 났다. 회사는 알바의 실수에 대해 감점을 주지 않는 정책을 가진 듯하다. 여기 센터에만 실수 때문에 하루 수천만 원의 손실이 발생한다는 얘기를 나중에 들었다.

## 업무 교육보다 안전 교육
### 숨 막힐 듯 밀려드는 물건 파도

다음번 출근했을 때 포장장으로 배치되어 갔다. 아침 조회 시간에 간단한 스트레칭을 한 후 관리자가 안전 교육을 무지하게 했다. 전날 야간조 근무 때 이 라인에서 일하던 알바 하나가 손가락이 레일 사이에 걸렸다. 목에 신분증을 걸고 허리를 숙여 포장 박스를 레일 위에 올렸는데 신분증이 레일 사이에 끼여 그걸 빼내려다가 손가락이 레일 사이에서 잘렸다는 얘기였다. 상상만 해도 끔찍했다.

관리자는 목에 핏대를 세우고 얘기를 하며 '돈 몇 푼 벌려고 와서 몸 상하면 되시겠어요?' 하고 사고가 있을 때는 직접 해결하지 말라고 하며 멈춰 있는 컨베이어 레일로 우리를 데리고 가서 안전벨트 있는 곳을 알려 주었다. 시범까지 보이면서 말이다. 일 얘기는 거의 하지 않다시피 했다. 얘기를 듣는 알바들은 다 굳은 표정이 되었다. (나중에는 그런 안전 교육이 없어졌다. 왜일까?)

작업대를 지정받고 내 자리로 들어가는 데 이 자리가 그 자리일까? 바로 사고가 난 그 자리 아닐까? 서늘한 생각이 들었다. 이리저리 둘러보니 핏자국은 보이지 않았다. 여기에서 일 교육보다 안전 교육을 강조하는 게 이해가 되었다. 물론 다친 사람이 가장 중요하지만 회사 입장에서는 보상도 만만치 않을 것이다. 회사도 돈 몇 푼 벌려다가 손해를 잔뜩 보는 결과를 보게 된다. 여기 관리자들은 사고에 매우 예민하다.

자리에서 포장을 시작하는데 역시 3Liter 세재 4개들이 박스, 5kg 쌀봉지, 20개짜리 음료팩이 밀려 들었다. 파도처럼 몰려들었다. 그래서 상품이 담긴 집품 박스를 가져다주는 노동자들을 워터(Water)라고 한다. 말 그대로 물 흐르듯이 물건을 가져다준다는 말이다. 어떤 관리자들은 상품을 기프트(Gift, 선물)라고도 말하지만 낯 간지러워서 그런지 잘 사용하지 않는다. 실상이 아니 걸 모두 아니까. 그런데 워터는 여기 일하는 노동자들 누구나 쓴다. 맞는 말이라서. 밀려오는 물결처럼 물건을 가져다주니까. 그리고 지방 물류 센터에서 야간 근무로 일하다 죽은 사람이 하던 일 그 워터 맞다. 중노동이다.

  밀려드는 물건들을 보면 하루 종일 압박감에 시달리고 일밖에는 생각하지 못한다. 작업대 옆으로는 집품 박스가 3층으로 쌓여 3겹으로 늘어서 있다. 앞뒤로 일하는 다른 사람들과는 얘기할 생각도 하지 못한다. 어느 날은 실수도 하지 않아 관리자에게 보고할 일도 없어 하루 종일 말 한번 하지 않는다. 점심시간에 식당에 가서도 혼자 밥 먹는 바람에 입을 열지 않았다. 여기는 다른 사람과 말 한마디 하지 않아도 아무런 문제가 없다. 컴퓨터가 시키는 대로 하면 되니까.

그러나 점심을 먹고 난 후 오후 복귀해 다시 상품 파도와 마주하면서 결심을 했다. 때론 파도를 무시하기로. 이 시스템에 소심하게 개인적으로 대항하기로. 2시간마다 화장실에 가서 쉬기로 한 결심을 실행했다. 변기 칸에서 에어컨 바람 맞으며 20번 큰 숨 쉬고 나와도 아무런 문제가 없었다. 지금까지도 아무런 문제가 없는 안전한 방법이다. (나중에는 화장실에서 에어컨이 나오지 않았다. 나처럼 화장실에서 쉬는 사람이 너무 많아 졌나?) 그러나 무조건 무시할 수는 없다. 마감 시간에는 눈치를 봤다. 자리를 뜨지 않고 빠르게 손을 놀렸다. 그래서 지금껏 걸리지 않은 것 같다.

오후에 실수를 했다. 상품을 비닐 포장지 안에 넣고 입구 접착제 비닐을 떼어 낸 후 입구를 봉했다. 그런데 다음 상품은 박스에 넣는 거라 종이 박스에 넣고 테이프를 붙이려는데 테이프 커터기가 보이지 않았다. 손바닥만 한 크기의 테이프 커터기를 작업대 위에 놓아두었는데 말이다.

이리저리 작업대 위아래를 찾아보는데 보이지 않았다. 어디 갈 데가 없었다. 당황해서 가만 헤아려보니 바로 전 작업인 비닐 포장을 할 때 비닐 안에 딸려 들어간 것 같다. 포장지 접착제에 커터기가 찰싹 붙은 거다. 나는 그걸 물건으로 착각하고 포장지 입구를 봉했다. 기가 막혔다.

택배를 받은 고객은 얼마나 황당할 것인가? 포장 안에 빨간 커터기가 들어 있으니 말이다. 지금도 빨간 커터기를 받았을 고객에게 미안하다. 할 수 없이 관리자에게 가서 실토를 했다. 관리자가 어이없어하며 '그런 실수는 절대 하지 마세요!' 하더니 굳은 얼굴로 커터기를 내어 줬다.

오후 마지막 마감 시간, 관리자가 오더니 내 손에 있던 바코드 스캐너를 받아 마구 찍어대기 시작했다. 아직 이전 상품 포장이 끝나지 않았는데 말이다. 집품 박스 안에 있던 물건들을 마구 꺼내 스캐너로 바코드를 찍어 레일에 올리는 바구니에 담고는 출력되는 송장들을 여기저기 붙이기 시작했다. 나에게는 상품이 담긴 바구니를 가리키며 '이 물건은 (박스 더미 위에 붙어 있는 송장을 가리키며) 이 송장이에요.' 그리곤 다른 상품 바코드를 스캔했다. 몇 차례 반복되자 바구니 여러 개가 내 주변에 흩어져 있고 송장이 여기저기 마구 붙어 나부꼈다. 소위 '선검증'이다. 회사에서 금지한 대표적 사항이다. 작업대 위에는 '선검증 금지'라는 빨간 글자 스티커가 눈에 띄게 붙어 있었다. 관리자는 마감 시간에 맞추기 위해 규정을 위반하고 있었다.

나는 어느 상품에 붙을 어느 송장인지 헷갈렸다. 그러나 아까 한 실수도 있고 해서 관리자 화를 돋울까 봐 물어보질 못했다. 그냥 박스에 넣고 테이프를 붙인 후 대강 기억나는 대로 주소가 찍힌 송장을 붙여 레일 위에 올렸다. 제대로 붙인 것인지 지금도 확실하지 않다. 아마 실수가 있었을 것 같다. 그러나 그건 관리자의 실수이다.

전쟁 같은 오후 4시 반 마감이 끝난 후 중앙 산업용 에어컨에 바람을 쐬러 갔다. (중앙 에어컨 바람이 가장 세고 시원하다) 거기에 내 앞자리에서 일하는 20대 언니가 바람을 쐬고 있었다. 관리자가 멀리 보였지만 그날 마감이 모두 끝나서 그런지 노트북만 들여다보고 있었다. 우리는 작업대 옆에 물결처럼 쌓여 있는 집품 박스는 무시하고 시원한 에어컨 바람을 나눠 맞았다. 나는 경험이 많은 50대답게 20대 언니에게 충고를 하고 싶었다.

'아이! 시원하다! 일하며 자주 쉬어야 해요!
몸이 우선이지 일이 우선이겠어요?!'

그러자 20대 언니가 웃으며 대답했다.

'당연하죠. 아까부터 제가 여기 자주 와 쉬는 거 못 보셨어요?'

띠용! 한 방 맞았다. 그러고 보니 오전, 오후 벌써 2번이나 우린 화장실에서 이미 마주쳤다.

이날부터 나는 다른 알바에게 적극적으로 말을 걸기로 결심했다. 식당에서 절대로 핸드폰 들여다보면서 혼자 밥 먹지 않았다. 되도록 누군가와 밥을 같이 먹거나 그게 안 되면 밥 먹으며 얘기하는 무리 옆에 일부러 앉아 얘기를 들으며 정보를 얻기로 했다.

# 특급 호텔급 화장실
끊임없는 혁신

포장을 하다 보면 박스 쓰레기가 많이 나왔다. 어느 날 평소와 달리 20대 젊고 예쁜 여자 친구가 주으러 다녔다. 청소팀에는 주로 중년들이 많은데 말이다. 지난번 2층 집품장에서 일할 때 통로마다 박스가 산처럼 쌓여서 카트를 밀지 못해 일을 제대로 못 한 적이 있었다. 그날은 청소팀이 파업을 한 날이었다.

그때 파업의 파괴력을 처음 느꼈다. 내가 제대로 일하지 못할 정도면 전체 업무가 제대로 돌아가지 못했을 것이다. 다음번 일하러 갔을 때는 일이 잘 풀렸는지 창고 전체가 깨끗해져 있어 기분 좋게 일했다. 화장실도 특급 호텔급으로 깨끗하고 좋은 냄새가 난다. 가끔 청소팀 분들을 뵐 때면 '청소 금방 끝나니까 조금만 기다려 주세요!' 하고 웃으며 양해를 구한다. 여기 청소팀은 조직력도 강하고 참 품위 있게 일하시는 분들이다.

포장장으로 계속 나가면서 기술이 많이 늘었다. 여러 개의 물건을 한 박스에 넣는 '멀티 포장' 일도 하게 되었다. 이 회사는 원래 빠른 배송이 제일 원칙으로 이 원칙을 위해 고객 하나에게 나가는 상품을 하나씩 포장해서 내보낸다. 그런데 '멀티 포장'은 고객 하나에게 갈 상품 여러 개를 한 번에 집어넣어 포장하는 것이다. 즉 한 명의 고객에게 여러 상품이 한 번에 배달된다. 컨베이어 벨트 라인 사이에 선반을 놓고 각각의 칸막이마다 한 고객에게 갈 여러 상품을 넣어 두면 포장자가 집어가 포장하는 방식이다. 아무래도 노동자의 개입이 많아진다.

그러나 여러 가지 측면에서 좋은 정책이다. 회사 입장에서는 배송 인력과 비용을 줄일 수 있어서 좋고 소비자 입장에서는 포장지가 줄어들어 환경에 좋다. 포장장 전체는 1명의 고객에게 1개의 물건이 나가는 시스템으로 구축되어 있는데 알바를 나갈 때마다 멀티 포장 선반이 늘어나 있는 걸 본다.

이 회사가 잘하는 것이 또 있다. 아침 출근 때 셔틀버스 대기 줄에서 항상 마주치는 20대 청년이 있다. 일부러 말을 걸려는 나의 결심에 따라 말을 걸었다. 알바냐고 묻자 '계약직'이라고 답했다. 어디에서 일하냐고 물으니 '시설 관리부'란다. 내가 시설 관리부가 어디냐고 묻자 '청소팀'이라고 대답했다. 약간 버벅거리는 어눌한 말투였다. 한눈에 경계성 지능 소유자라는 걸 알아봤다.

좋은 일 하신다고 내가 말하자 청년이 웃으며 같이 일하는 아줌마들이 잘해 준다고 얘기했다.(내 외모는 당연히 아줌마형이다) 지금도 출근하는 길에 그 청년과 계속 만나고 그때마다 우린 눈인사를 주고받는다. 너무 성실한 친구다.

전에 이 회사에서 하는 자기 차로 상품을 배달하는 일을 잠깐 한 적이 있다. 물건을 싣고 대단지 아파트로 들어갔는데 지상 주차장에 차 댈 공간이 없었다. 빙빙 도는데 장애인 주차 구역에 댄 차에서 여자 친구가 나오더니 차 문을 열고 회사 로고가 박힌 상자를 가뿐히 들고 아파트 안으로 들어갔다. 부러웠다. 자동차 앞창에는 장애인 승인 스티커가 붙어 있었는데 그 친구는 가볍게 다리를 절뚝이며 빠르게 움직였다.

이런 건 이 회사에서 잘하는 정책이다. 또 잘 하는 건 끊임없이 새로운 시도를 하는 점이다. 2~3일에 한 번씩 출근할 때마다 포장장 라인에서 변화가 보인다. 원래는 '오토'라고 비닐 포장자 안에 하나의 상품만 넣어 기계가 자동으로 접착하는 시스템이 있는데 여기에 '멀티' 포장을 결합하는 시도를 하고 있었다. 또 다른 날에는 '오토' 시스템에 비닐 대신 종이 박스를 넣어 여러 물건을 넣는 시도도 하고 있었다.

또 매일 일하지 않는 알바일지라도 능력을 향상시키려는

노력을 한다. 나도 멀티 포장장에서 선반에 여러 상품을 넣는 '리비너'라는 일을 하게 되었다. 그런데 리비너는 실수를 하기가 쉽다. 컨베이어 벨트를 통해 도착하는 상품들을 집어 컴퓨터가 시키는 대로 선반 공간에 넣을 때 기계가 아니니 잘못된 공간에 넣기가 쉽다. 컨베이어 벨트 위로 여러 상품이 담긴 집품 박스가 물결처럼 밀려들 때 바쁘게 상품을 넣다 보면 실수할 수 있다.

나 역시 처음 시작할 때 여러 번 실수했다. 회사에서 멀티 포장에 힘을 실으니 멀티 포장 라인 관리자들은 실적 압박을 받는다. 그러나 회사가 정책적으로 강요했는지 나와 여러 알바들에게 시간을 내서 훈련을 시켰다. 그리고 실수에 대해 크게 나무라지 않고 계속 기회를 줬다. 물론 그렇게 하지 않는 이기적인 관리자도 있었다. 그러나 많은 관리자들이 회사의 정책을 따랐다. 알바의 실수로 인한 손실이 발생했을 텐데 감수하고 간 것이다. 덕분에 할 때마다 나의 실수도 많이 줄었다.

심지어 '경쟁' 시스템에도 변화를 주고 있었다. 포장장에 처음 나갈 때에는 라인 별로 관리자들을 경쟁시켜 관리자들이 자기 라인 작업자들을 다른 라인으로 보내지 않았다. 그러나 나중에 가니 라인이 바쁘지 않을 때는 포장자들을 다른 라인으로 보냈다. 나도 여러 번 다른 라인으로 가서 일했다. 관리자들은 서로 무전기로 소통을 했다. 서로 경쟁만 한다면 자기 라인 작업자를 다른 라인으로 보내지는 않을 거다. 급할 때는 협력하도록 회사에서 정책적으로 강제하는 듯했다. '경쟁' 시스템 안에 '협력'을 집어넣는 거다. 물론 거기에 호응 못 하고 자기 실적만 챙기는 관리자들도 만났다. 그러나 이렇게 끊임없이 새로운 시도를 하니까 회사가 성장하는 듯하다.

## 복수를 하다!
### 블랙 리스트 사건

포장장을 계속 나가며 여러 가지 일이 생겼다. 처음 포장일을 시작할 때 작업대는 어디나 다 똑같은 표준형인지 알았다. 그런데 여러 차례 일을 나가니 작업대 공간 크기와 구조가 조금씩 다르다는 걸 깨달았다. 좋은 작업대를 배치받는 것도 운이었다. 집품장에서처럼 줄을 잘 서야 한다.

한번은 배치받은 작업대 운송장 프린터가 자꾸 고장 났다. 이 회사는 알바가 하루에 얼마나 물량을 처리하는가를 보고 기본적으로 출근 승인을 내는 시스템이다. 이러면 내가 손해다! 관리자에게 자리를 바꿔 달라고 얘기했다. 그런데 관리자가 안 된다고 했다.

또 한번은 작업대 컴퓨터 모니터에서 시간이 안 보였다. 보통은 시간이 보이는데 어떤 자리 컴퓨터는 시간이 안 보인다. 그러면 미친다. 핸드폰과 시계를 못 들고 들어오게 하니 시간을 알 수가 없다. 벽은 아예 안 보이고 천장에 시계가 붙어 있는 것도 아니니 말이다. 2시간마다 지키기로 한 셀프 쉬는 시간, 점심시간은 얼마나 남았는지, 퇴근 시간은 얼마나 남았는지 알 수가 없다. 점심까지 남은 시간, 퇴근까지 남은 시간을 보며 버티는데 말이다.

온갖 물건들을 다 포장하지만 부끄러운 물건도 있다. 성인용 성도구 말이다. 남성용과 여성용이 있는데 이 상품들은 보통 포장지에 뚜렷한 상품명이 없다. 그래서 바코드를 찍으면 눈앞 모니터에 커다란 상품 모양과 심지어 사용 방법까지 뜬다. 바나나형이나 분홍색 구멍이다. 민망하다. 그래서 다른 제품 같으면 상품 숫자를 확인하기 위해 모니터에 이미지를 띄워둔 채 포장하고 마지막 송장 스캔을 마치는데 이 제품은 절대 그렇게 하지 않는다. 무조건 모든 스캔 작업을 끝내 모니터에서 제품 이미지를 지운 후 나중에 포장한다.

상품을 넣는 포장지 종류나 크기는 상품 바코드를 찍으면 컴퓨터에서 추천하는데 이게 잘 맞지 않다. 처음에는 추천대로 포장하다가 말이 안 된다는 생각이 들었다. 자체적으로 바꿨는데 나중에는 상품만 보고도 포장 박스 크기를 스스로 판단하는 지경에 이르렀다. 거의 포장의 달인에 도달했다랄까? 이 회사의 알고리즘 중 제일 안 맞는 게 포장 박스 추천이다.

점심시간에 밥을 먹으며 핸드폰을 보지 않고 가능한 한 다른 사람들의 정보를 엿들으려는 노력이 결과를 얻기 시작했다. 다른 물류 센터에 대한 정보를 들을 수 있었다. 그렇지 않아도 이즈음 다른 지역 물류 센터에서 문자가 들어오기 시작했다. 일당에 수당 10만 원을 붙여준다는 유혹이었다. 그런데 옆자리 알바들이 그곳에 다녀왔다고 얘기하는 게 아닌가? 귀를 쫑긋 하고 들었다.

다른 지역 물류 센터는 여기와는 분위기가 많이 다르다고 말했다. 특히 자신이 다녀온 곳은 관리자 갑질이 심하다는 거다. 여기 관리자들은 감시가 심한 편은 아닌데 그곳에서는 관리자들이 알바들 화장실 다녀오는 시간도 체크한단다. 나같이 2시간 10분 자체 쉬는 시간은 있을 수 없는 일이다. 그래서인지 그곳 센터에는 알바들이 많이 지원하지 않아 일하는 사람이 적어 수당을 주는 거란다. 그러면 그렇지! 가지 않기로 했다.

또 화장실을 다녀올 때 15분을 넘기지 않도록 조심하라고 얘기했다. 작업자 컴퓨터에서 15분 동안 아무런 움직임이 없으면 노동자가 자리를 이탈했다고 판단하고 중앙 시스템이 계정을 로그아웃시켜 버린단다. 가슴이 철렁했다. 그런데 한 번도 화장실을 다녀오고 로그 아웃되었던 적은 없었다. 가슴을 쓸어내렸다. 황금 같은 정보였다. 핸드폰 안 보고 밥 먹으며 귀를 쫑긋거린 게 효과를 발휘한 순간이었다.

모든 알바들이 선호하는 포장 자리도 있다. 일명 '럭셔리' 상품. 보통은 20만 원이 넘어가는 화장품 세트나 아이폰이다. 물건이 가볍고 작업대가 쾌적해서 하루 종일 편하게 일할 수 있다고 한다. 선착순으로 갈 수 있는데 나는 출근 버스가 항상 늦게 도착해 한 번도 가 보질 못했다. 그러나 한번 가 본 알바들은 일찍 줄 서기 위해 아침에 택시를 타고 온다고도 했다. 출근 버스를 타고 들어갈 때면 '럭셔리' 대기 줄만 이미 만들어져 있다.

9월 내내 이런저런 일들을 겪으며 기술도 늘었다. 포장하는 실력이 늘어 1~2분 만에 하나씩 포장을 했다. 화장실 다녀오며 쉬는 시간까지 포함한다면 평균 3분에 한 개씩 9시간 동안 270개씩 포장한 것 같다. 여러 가지 좋은 정책도 마음에 들고 해서 열심히 일했고 출근 승인을 잘 내주어 회사에 고마운 마음이 생겼다.

10월 추석 연휴가 시작되기 전날 물건이 많을 걸 알았지만 일부러 출근 신청을 했다. 아침 출근 버스를 타며 마음도 단단히 먹었다. 출근하자 손 포장 라인으로 배정되었다. 8시 시작하자마자부터 집품 박스가 밀려들기 시작했다. 처음에는 유명 브랜드 커피믹스 160개들이 박스였다. 160개들이라 한 박스당 약 20kg이 된다. 그게 3단으로 물결치듯 밀려들었다. 4개 박스가 담긴 큰 묶음 박스가 엘자 카트에 실려 작업대 옆에 3단으로 늘어섰다. 묶음 박스가 단단히 채워져 있어 개별 박스를 빼내기도 어려웠다. 그걸 오전 내내 회사 박스에 포장했다. 평균 3분에 하나씩 처리했으니 오전 4시간 동안 1,600kg 1.6톤을 들었다 놨다 한 셈이다. 장하다! 나! 12시 점심시간이 되자 이미 기진맥진해졌다.

왼쪽 어깨가 아파왔다. 3~4일에 한 번씩 일하기 때문에 지치기는 했지만 몸이 아프지는 않았다. 20년 전 모유 수유를 하느라 아기를 자주 안았던 버릇 때문에 아주 지치면 왼쪽 어깨가 아프다. 그때 그 아픔이 재발한 것이다. 매일 일하는 계약

직들은 얼마나 몸이 아플까? 지금도 노란색 커피 박스를 보면 구역질이 난다.

점심시간 옆자리에서 밥을 먹고 있는 언니들의 수다를 들으니 오늘은 아이폰 신제품 출시가 되어 포장일이 배가 되었다고 한다. 계약직들이 집품 박스 당 4천만 원 어치를 오전 내내 포장했단다. 따라서 알바들은 하루 종일 박스 선물 포장을 해야 했다.

점심을 먹고 들어오자 이번에 유명 브랜드 참치 선물 세트였다. 세트당 약 1.2kg 박스가 물밀듯이 밀려 들어왔다. 오후 5시간 동안 120kg을 들었다 놨다 했다. 오후 3시쯤이 되자 숨이 턱 막혀오며 머리 위에서 수증기가 나는 것 같았다. 세상 사람들이 이렇게 커피믹스와 참치 선물을 많이 할 줄 몰랐다.

워터 남성분이 나중에는 불쌍하게 나를 봤다. 워터도 끊임없이 엘자 카트를 가져다주느라 너무 힘들었을 텐데 내가 더 힘들어 보였나 보다. 머리가 희끗희끗한 워터 남자분이 참 친절했다. 옆에 붙어서 박스를 뜯어주었다. 아마 지난번 종이 교재 조립 공장에서 만난 중년 남성분처럼 대기업 이사 출신인 것 같다. 이 물류 센터에 그런 분들이 많다는 얘기를 들었다. 입에서 단내가 올라왔다. 결국 6시 땡하자 축 늘어진 좀비가 되어 터덜터덜 작업대를 걸어 나왔다.

추석 연휴가 끝나고 출근 신청을 했다. 평소처럼 '승인'이 당연히 날 줄 알고 신경도 안 쓰고 하루를 비워뒀다. 그런데 승인이 나지 않았다. 연이어 또 했다. 3번이나 했는데 승인이 나지 않았다. 곰곰이 생각해 보았다. 왜 그럴까? 추석 연휴 전날 나는 거의 내 물량의 최고를 찍었다. 그날은 셀프 화장실 쉬는 시간도 1번 밖에 가지 않았다. 실수도 한번 없었고 포장장으로 간 이후 가장 힘든 날이었다. 이건 아니지 않은가?

그즈음 뉴스에 '블랙리스트 사건'이 떴다. '이건가?' 나는 얼른 기사를 클릭해 들어가 블랙리스트를 확인했다. 신기하게도 기사에는 자기 이름과 생년월일을 쳐넣으면 리스트에 포함되어 있는지 아닌지를 확인하는 링크가 있었다. 얼른 접속해 들어가 이름과 생년 월일을 쳐넣었다. 포함되어 있지 않았다. 당연하다. 내가 뭐 일하는 것 외 다른 일을 한 적이 없다. 그런데 왜 나에게 출근 승인을 하지 않는가?

억울했다. 그때까지 나는 계속 고용해 주는 회사가 고마워 꼭 회사 온라인 마켓에서 시장을 봤다. 회원 가입도 하고 자동 결제도 설정해 두어 물건만 클릭하며 결재가 된다. 거의 한 달 동안 내가 받는 돈만큼 결제했다. 받는 만큼 돌려준 셈이다. 그런데 나를 거부한다고!

온라인 마켓 회원을 탈퇴했다. 그곳에서 물건을 절대 사지 않았다. 나의 복수는 실현되고 있었다.

## 알고리즘의 제국
### 알고리즘 속 인간들

한동안 김상무 일을 하는데 겨울이 지나 다시 회사에서 문자가 많이 날아들었다. 여러 가지 사정으로 김상무 일이 없던 주간에 나갔다. 출근할 때 꼭 가서 같이 일하는 알바들에게 말을 걸기로 결심했다. 포장장 대기 줄에 가니 멀티 포장 줄이 길었다. 추석 전에는 오토 포장만 찾았는데 이번엔 거의 없고 멀티 포장 줄이 길었다.

대기장 관리자가 멀티 포장자를 애타게 불렀다. 한동안 쉬어 자신이 없어 망설였지만 하도 애타게 찾아 손을 들고 나가 멀티 포장 줄에 섰다. 포장장에 가서 일을 하는데 선반에 물건을 배분하는 리비너가 인상이 참 좋아 보였다. 물건이 잠시 없을 때 일부러 가서 말을 걸었다. 한 5개월 일을 안 나왔다고, 출근 승인을 안 내더니 웬일인지 모르겠다고.

보통 리비너들은 오랫동안 여기에 다녀 경험이 많은 알바들이다. 리비너 언니가 웃으며 여기 센터장이 바뀌었다고 알려 주었다. 전 센터장은 오토 위주로 일을 돌려 오토 가능자만 찾았는데 얼마 전 센터장이 바뀌며 멀티 포장 위주로 하고 있다고 한다. 그런데 멀티 포장 경험자가 적어 나에게도 다시 연락이 간 것 같다고.

아하! 그렇구나. 여기 물류 센터는 센터장의 정책에 따라 이렇게 알바들이 영향을 받는구나. 역시 사람이 제일 위에 있다. 리비너 언니가 따뜻했다. 여기에서는 보통 일하는 사람들끼리 대화할 일이 적고 대화 안 해도 일이 잘 돌아가니 대화할 필요를 느끼지 않는다. 특히 일이 많을 때는 말을 거는 사람에게 짜증스럽게 대한다. 같이 일하는 동료들이 매일 바뀌어 서로 친해지기가 어렵다. 그런데 언니가 차근차근 부드럽게 말해 주었다. 배려하는 품위 있는 노동자였다.

리비너들 중에는 거의 고정적으로 나오는 언니들이 있다. 이번에도 그 언니들이 보였다. 추석 전에도 매일 리비너 자리에 서서 서로 수다를 떠는 언니들이다. 그녀들은 외모도 세련되었고 말투도 우아하다. 한눈에도 중산층 여성들임을 알 수 있다. 그녀들끼리는 서로 친하게 얘기도 잘한다. 퇴근할 때 보니까 리비너들끼리 10여 명 정도 모여 연락처를 주고받으며 따로 만나는 듯했다. 나는 말 한마디도 제대로 못 하고 퇴근하는 때도 있는데 부러웠다.

이날 이후 나는 다른 언니들과도 말을 트기 시작해 여러 사람들을 알게 되었다. 이런저런 성격들이 있다. 놀라운 것은 마르고 가냘픈 언니들도 힘을 잘 쓴다는 거다. 한번은 뒷자리 언니가 가냘픈 몸매에 배우 이하늬를 닮은 미인이라 눈이 커져

본 적이 있다. 큰 키, 가는 허리, 또렷한 쌍꺼풀, 앵두 같은 입술, 갸름한 얼굴까지 이하늬 뺨치게 예뻤다. 배우 학원이나 모델 아카데미에 있어야 할 것 같았다.

그런데 20대로 보이는 이 언니가 무거운 세제 박스를 번쩍번쩍 드는 게 아닌가. 지나가는 워터에게 도움을 요청하지도 않는다. 게다가 안쓰러울 정도로 쉬지 않고 일한다. 컴퓨터 안 되는 게 있어서 물어보니(절대 관리자에게 물어보지 않는다) 사근사근 착하게 대답도 잘해 준다. 예쁘고 성실하고 힘도 좋고 착한 거다. 내가 남자라면 무조건 전화번호 물어볼 거다. 그런 20대 여자 친구들을 서너 명 더 만났다. 20대 남자가 연애하고 싶다면 여기 물류 센터에서 한번 알바할 만하다.

그런데 사악한 인간도 있다. 멀티 포장장에서 일하는데 5시 이후 마지막 타임 포장을 하고 있을 때였다. 내 옆 섹션 선반의 물건들은 다 비워져 말끔한 기분이었다. 그런데 선반 기둥 옆 한구석에 여러 종류의 과자 30개가 뒤섞인 집품박스가 하나 남아 있었다. 29개가 맞았는데 마지막 1개의 과자 종류가 틀려 리비너에게 얘기하고 다들 미뤄둔 거였다.

하지만 5시 58분 관리자가 달려오더니 그 박스를 가리키며 '어떻게 된 거냐?'고 물었다. 1개 과자 개수가 틀려 포장 못 했다고 대답했다. 관리자가 얼굴이 굳더니 내 자리로 가져와 마구 스캔하더니 다 됐다고 포장하라고 말하고는 떠났다. 그때가 6시였다.

기가 막혔다. 숫자가 틀린 것 아닌가? 아니면 퇴근 시간을 늦추더라도 자신이 책임을 지고 숫자를 맞췄어야 했다. 어쩔 수 없었다. 숫자가 틀린 대로 커다란 박스에 포장을 하고 5분 뒤 퇴근할 수 있었다. 다른 관리자들은 보통 이런 상황에서 자기가 처리를 했다. 개수가 틀린 대로 내보냈으니 이제 꼼짝없이 내 데이터에 실책으로 뜰 것이다. 나는 다음 출근 신청 때 승인이 안 날까 봐 걱정되었다.

이 물류센터는 알바들이 하루만 일했을지라도 데이터로 잡는다. 모든 알바들은 출근한 날짜, 하루에 처리한 물량, 실수의 횟수 등이 잡힌다. 포장 실수를 해서 고객이 문제 제기를 하면 포장자가 누구인지까지 파악한다고 한다.

생각해 보면 나도 힘든 일과 쉬운 일을 번갈아 가며 일했다. 집품장에서 2층에서 오래 일하면 가벼운 상품이 많은 6층으로 가끔 보냈다. 반대로 6층 일을 오래 한 적도 없다. 집품장에서 일하는데 일정 기간이 지나자 포장장으로 보낸 것도 알고리즘의 지시인 것 같다. 작년 추석 연휴 때 일하고는 한동안 출근 승인을 안 내다가 회사 정책이 바뀌면서 다시 부른 것도 다 데이터를 잡아 뒀다가 문자를 보낸 것이다. 알고리즘이 인간을 부리는 것이다. 이 회사는 상품을 파는 것도 알고리즘에 기반해서 성공한 회사다.

알고리즘이 못하는 일이 있다. 노동자의 건강 상태를 체크하는 것이나 최저 임금을 올리는 거 말이다. 집품장 알바들은 시간당 최저 임금으로 하루 삼 만보 이상을 걸으며 물건을 200키로 가까이를 들고 다닌다. 한여름에 숨을 헉헉거리고 쓰러져 가며.

이 회사에서 일하는 택배 기사들이 여러 명 죽기도 했다. 매번 여기에서 일할 때마다 느끼는 거지만 김상무의 일과 비교해서도 2배 정도 일이 힘들다. 노동 강도가 너무 센 것이 죽음의 원인이다. 알고리즘은 그런 노동 환경을 이해하지 못하고 최고의 효율만을 뽑아낼 것이다.

알고리즘이 노동자의 환경까지는 파악하지 못한다. 시스템에 맞춰진 노동자의 결과물만을 평가한다. 시스템을 바꾸는 것은 인간이다. 인간이 인간을 생각해야 한다.

# PART 04
# 알바의 세계로 나아 가자!

01. 원수는 외나무다리에서 만난다 - 달콤한 승리, 쓰디쓴 열매
02. 가차 없는 경쟁 - 올라갈 수 없는 회사
03. 반전의 반전 - 탈락을 마주하는 우리의 자세
04. 알바의 세계로 나아 가자! - 품위 있는 노동

## 원수는 외나무다리에서 만난다
### 달콤한 승리, 쓰디쓴 열매

장마철이 끝나고 더운 8월이 시작하자 김상무는 다시 일하자고 문자를 보내왔고 나는 최애 공장인 여성 속옷 창고에 주로 갔다. 그러나 9월이 시작되었을 때 나는 김상무에게 배신을 때렸다. 대형 물류 센터 알바를 갔다.

그러나 추석 연휴가 끝나자 출근 승인이 떨어지지 않았다. 실컷 써먹고는 추풍낙엽처럼 버렸다. 나는 배신감을 느꼈지만 상대는 너무 거대한 기업이었다.

이틀 정도 망설인 후 어렵게 김상무의 핸드폰 번호를 눌렀는데 김상무가 반갑게 받아 주었다. 그동안 어디 갔느냐고 묻지도 않았다. 바로 다음 날 일터를 알려 주었다. 의류 포장 단지에 새 회사가 생겼다고 그곳으로 출근하라고 알려 주었다.

다음 날 아침, 사무실 입구로 들어가는데 반가운 얼굴이 보였다. 지난 겨울 일했던 의류 포장 회사의 천사 반장2였다.

'어머! 어떻게 여기 오셨어요?'

내가 묻자 천사 반장2는 회사를 옮겼다고 대답했다. 나는 손이라고 잡고 싶은 심정이었는데 천사 반장2는 웃는 얼굴로 간단하게 대답만 하고 사무실 안으로 들어갔다.

안으로 들어가니 천사 반장1도 있었다. 반가워서 내가 인사하자 그냥 힐끗 보더니 '안녕하세요!' 하고 차갑게 말하고 말았다. 물론 사무실 안에는 8월까지 함께 일했던 알바 언니 5명이 서 있었다. 어디 갔다 왔냐고 묻는 언니들에게 그냥 어디 좀 갔다 왔다고 대답하고 돌아서는데 못 보던 얼굴 5명이 맞은 편에 서 있었다.

'누구예요?'

하고 내가 묻자 다른 인력 알선 업체 알바들이란다. 우리는 반장 언니들을 가운데 두고 라인 대 라인으로 대치해 섰다. 서로 노려보면서.

상대편을 쭉 훑어보는데 그중 아는 얼굴이 있었다. 바로 인쇄 공장에서 만났던 못된 언니였다. 못된 언니도 나를 알아봤다. 우린 서로 마주 보고 눈이 커졌다. 그리고 차갑게 서로를 노려보았다. 건물주 언니에게 살짝 묻자 천사 반장들이 옮긴 이 회사에서 인력 알선 업체 경합을 벌이고 있는 것 같다고 속삭였다. 원수는 외나무 다리에서 만나는 법이다.

20대 회사에서 못된 언니였던 K 과장과도 이런 식으로 외나무다리에서 만난 적이 있다. 대표 이사가 사임하고 난 후 회사는 곧 다른 미국 회사에 합병되었다. 더 큰 회사였고 미국에서 떠오르는 대기업이었다. 당시 강남에서 가장 유명한 빌딩 안에 한국 법인이 있었다.

나는 지금까지 한 마케팅 활동을 정리해 그곳 마케팅팀 앞에서 브리핑하라는 지시를 받았다. 시간과 장소를 지정받고 맞춰서 간 회사 사무실, 회의실에서 나오는 K 과장을 마주쳤다. K 과장은 굳어 있는 얼굴이었고 옆에 안내해 왔던 인사부 직원이 둘 중 하나만이 마케팅 인원으로 옮기게 될 거라고 알려줬다. 머릿 속에 번개가 지나가며 우리는 서로를 차갑게 노려보았다.

회의실에 들어가니 현 회사의 한국 법인 마케팅 부서 5명쯤이 자리 잡고 있었고 나는 그들 앞에서 지금까지 한 일을 브리핑했다. 침착하려고 애썼지만 속으로는 떨며 간신히 마쳤다. 그날 이후 1년 동안 나는 그들을 제대로 본 적이 없다.

며칠 후 나는 강남 사무실로 출근하라는 메일을 받았다. '드디어 내가 K 과장을 이겼구나!' 환호성을 질렀다. 첫 출근하는 날, 당시 강남에서 가장 높고 화려한 빌딩 회전문을 들어서며 나는 기대에 부풀었다. 드디어 이 유명한 회사, 유명한 빌딩 안에서 제대로 일하겠구나!

고속 엘리베이터를 타고 한국 법인이 있는 19층으로 갔다. 인사부 직원이 맞아 사무실 안으로 들어가니 통창으로 강남대로가 시원하게 내려다보였다. 드넓은 사무실 안엔 부서명이 붙은 책상마다 북적북적 직원들이 많았다. 사원증을 받은 후 인사부 직원이 나를 18층으로 데리고 갔다. 내 사원증으로 18층 보안키를 치고 안으로 들어가자 마찬가지로 드넓은 사무실 안이 눈앞에 펼쳐졌는데 여기저기 책상이 거의 비어 있었다. 황량한 풍경이었다. 마음이 조금 스산해졌다.

인사부 직원이 이끄는 대로 나는 비어 있는 책상들을 지나 새로운 상사를 소개받고 인사했다. '소프트웨어' 부서라고 했는데 부서명도 쓰여 있지 않은 자리였다. 사무실 풍경처럼 마음도 황량해졌는데 곧 Y가 들어왔다. 여전히 싱글벙글한 얼굴로 나에게 손을 들어 인사했다. 다행이었다.

점심시간에 식사를 하며 Y와 얘기하니 S 부장과 P 차장은 다른 회사를 알아 보고 있으며 K 과장은 과거 대표 이사가 하는 한국 회사로 옮겼다고 한다. 역시 Y는 발이 넓어 정보를 많이 알고 있었다. 그러나 그도 소프트웨어 제품은 잘 알지도 못하는데 팔아야 하냐며 황당해했다.

오후 나는 마케팅 부서에 인사를 하려고 19층으로 올라갔다. 사원증을 보안키에 대었는데 자동문이 열리지 않았다. 여러 번 댔는데도 마찬가지였다. 18층 사원들은 19층 본류에 갈 수 없는 거였다. 진짜 황당했던 심정이 아직도 선명히 기억이 난다. 결국 나는 마케팅 부서에 인사를 가지 못했다. 가차 없는 경쟁 끝에 승리의 열매를 땄지만 쓰디쓴 맛이었다.

천사 반장들의 새로운 회사에서도 나는 입맛이 썼다. 여기 의류 포장 단지는 김상무의 지배 구역이었다. 그런데 이렇게 경쟁 시스템이 들어왔다. 더군다나 천사 반장 언니들은 김상무와 오래 같이 일한 사이기도 하다. 천사 반장이 옮긴 이 회사는 새로 생긴 의류 포장 회사로 막 시작하는 중이었다. 나는 김상무가 힘들 것 같다는 생각이 들었다.

그런데 천사 반장1이 얼굴을 찌푸리며 말했다.

'김상무님은 왜 또 이런데요? 1명 더 왔잖아'

그렇다. 상대 쪽은 5명인데 우리 쪽은 나까지 포함해 6명이다. 5명을 불렀는데 김상무가 나까지 여분으로 부른 것이다. 나는 바로 김상무의 술수가 읽혔다. 경쟁사와의 경합에서 이미 천사 반장들이랑 인연이 있는 나를 더 붙여 가산점을 얻으려고 했다. 그런데 이런 일이 전에 몇 번이나 더 있었나 보다.

'일단 모두 작업장으로 가세요'

천사 반장1이 화난 얼굴로 지시를 했다. 알바들이 사무실을 나와 작업장으로 가는데 내 핸드폰이 울렸다. 김상무였다.

'여사님! 오늘 거기 말고 그 위 창고에 1명 더 필요하거든요. 거기 가 주세요.'

이 회사에서 걸어서 5분 거리 창고였다. 김상무는 다시 한번 술수를 쓰고 있었다.

어쩔 수 없었다. 나는 '예!'하고 대답을 한 후 발길을 돌렸다. 모든 알바들이 불쌍하다는 얼굴로 나를 쳐다봤고 특히 못된 언니는 고소하다는 눈빛이었다. 능력이 없어 쫓겨났다는 눈이었다. 가차 없는 경쟁, 쓰디쓴 입맛이었다.

## 가차 없는 경쟁
### 올라갈 수 없는 회사

천사 반장들의 공장에서 쫓겨났지만, 쓰디쓴 입맛에도 불구하고 나는 섭섭하지 않았다. 나 말고 있던 다른 알바들은 건물주 언니를 빼고는 매일 출근하는 언니들이었다. 그녀들은 김상무 라인에서 가장 기술이 뛰어난 알바들이다. 또한 집안 경제를 위해 돈을 벌어야만 하는 중년 여성들이었다. 나같이 며칠에 한 번씩 나가는 어중이떠중이 말고 진지하고 돈을 벌어야만 살 수 있는 여성들 말이다.

더구나 나는 김상무에게 배신을 때린 후 다시 복귀한 사람 아닌가? 섭섭한 마음은 일도 들지 않았다. 다른 창고로 걸어가면서 오히려 김상무 걱정이 되었다. 자신과 오랫동안 함께 일한 사람들에게 배신을 당하는 심정은 어떻겠는가?

다른 창고로 가니 10분이 늦어 있었다. 그곳 반장에게는 김상무가 시킨 대로 오는 길에 자동차가 고장 나서 늦었다고 말했다. 반장은 알고 있다고 빨리 일하라고 지시했다. 역시 전에 언니들이 말한 게 맞았다. 김상무는 여우 중의 여우였다.

일하다가 쉬는 시간에 김상무에게 전화를 걸어 괜찮으시냐고 물었다. 오랫동안 함께 일한 사람들한테 배신을 당했는데. 김상무가 괜찮다고 말했다. 오히려 목소리가 밝았다. 그래도 나는 계속 마음이 안 좋았다.

'여기 일 없는데 미안해서 보내신 거죠?
김상무님이 일당 주시는 거죠?'

그러면서 내가 폐가 안 되게 열심히 일하겠다고 하자 김상무는 당황해서 말했다.

'여사님! 열심히 하지 마세요, 적당히 하세요!'

30대 중반, 나는 옮겨간 강남의 회사에서 열심히 일하지 말았어야 했다. 같은 회사 이름을 달고 있었음에도 정보 교류도 안 되고 올라갈 수 없는 회사에서 내가 왜 열심히 일해야 했는가?

18층에는 아무런 본사 마케팅 정보가 흘러오지 않았다. 그곳에서 나는 합병된 다른 회사였던 소프트웨어 제품의 마케팅을 하게 되었다. 가끔 기자가 찾아오기는 했다. 전 회사에서 많이 친했던 몇몇 기자들이었다. 그런데 나는 그들에게 18층으로 오라고 해야 했다. 그들은 19층에 기자실이 있는데 왜 그러냐고 물었다. 나는 마음이 비참해졌다.

친한 기자와 미팅을 하는데 그가 오늘 저녁 마케팅 회식에 가느냐고 물었다.

'무슨 회식요?'

'본사 임원이 와서 한국 법인 마케팅 전체 회식이 있는 걸로 아는데 모르세요?'

기자가 당황한 얼굴로 물었다. 내가 더 황당했다. 깜빡했다고 얼버무리고 말았다. 내가 무시당하고 있다는 걸 기자는 눈치챘을 것이다. 전 회사에서는 항상 아시아 본부의 모든 부서로부터 주요 메일을 받아 온 터라 그런 소외가 더욱 크게 느껴졌다.

그 회사에서 1여 년을 일하는 동안 그런 굴욕은 계속되었다. 주요 소프트웨어 제품이 한국에 출시하게 되어 고객 대상 세미나를 하게 되었다. 그런 세미나야 전 회사에서 십 수번을 했기 때문에 쉬운 일이었다. 항상 하던 대로 새 제품의 시연을 준비해야 했다.

엔지니어의 조언대로 시연 장비를 준비하는데 다행히 18층 안에 데모 장비실이 있다고 알려 주었다. 장비실로 가니 보안 키가 있고 사원증으로 터치해 열어야 했다. 당연히 될 거라고 생각하고 사원증을 대니 에러가 나며 문이 열리지 않았다. 여러 차례 반복해도 마찬가지였다. 나는 당황했고 '이 회사 직원이 아니구나' 하는 굴욕감이 들었다. 결국 부서장에게 보고해

19층 엔지니어의 사원증으로 데모 장비실 문을 열었다.

이 회사 직원도 아닌데 왜 하루 종일 회사 일 생각하고 내 최고의 능력을 뽑아내기 위해 충성해야 하는가? 19층으로 이동 경로가 완전히 봉쇄되어 있는데 왜 주말에도 회사로 나가 텅 빈 사무실에서 열심히 일을 했을까? 적당히 일하며 다른 즐거움을 찾았어야 했다.

50대인 나는 열심히 일하지 말고 적당히 하라는 김상무의 말에도 불구하고 공장에서 적당히가 아니라 열심히 일했다. 김상무가 내 일당을 준다면 폐를 끼치지 말아야 한다고 생각했다. 어차피 6시 땡하면 끝나는 일이고 집에서 일 생각을 할 필요는 없다. 6시 이후 나는 책을 읽고 글쓰기를 하며 다른 즐거움을 찾아갔다.

이틀 후 김상무에게 일할 곳을 배정해달라는 문자를 보내자 새로운 회사를 알려 주었다.

'여기 좋아요. 열심히 해 주세요!'

답문이 왔다. 새 회사는 의류 포장 단지 안에 있지는 않고 좀 떨어진 곳에 있었다. 그러나 전형적인 홈쇼핑 의류 포장 회사였다.

창고 안으로 들어서자, 지금까지 봐 온 김상무 쪽 알바 10여 명이 우글우글 모여 있었다. 사흘 전 갔던 천사 반장 회사에 있었던 5명 언니들도 모두 와 있었다. 우리는 웬일이냐고 서로 물으며 웃었다.

이곳은 김상무가 개척한 회사였다. 새로 시작했는데 특전사 부장이 있는 바로 그 회사이다. 기술 있는 정직원 하나 없이 알바들에게 의존하는 듯했다.

접착 기계, 작업대 등의 시설과 자재는 준비되어 있었다. 우리는 일제히 작업대에 붙어서 의류를 검사하고 양품하고 포장하는 일을 능숙하게 이어 나갔다. 반장과 특전사 부장은 일을 배우느라 쫓아다녔고 기술 좋은 언니들이 친절하게 알려 드렸다. 알바 언니들은 김상무의 선택에 의해 훈련된 인력이라는 생각이 들었다. 다들 정직하고 친절하게 서로 도우며 일했다. 기술이 최고는 아닐지라도 결코 일을 소홀하게 하는 법은 없었다.

점심시간, 천사 반장들의 공장에는 5명쯤 못 된 언니 업체 알바들이 일한다는 얘기를 전해 들었다. 그런데 이 회사는 거의 매일 10명 정도 필요할 것이라고 반장 언니가 말했다. 지난번 통화했을 때 김상무 목소리가 밝았던 이유가 이해됐다.

그러나 나는 알고 있다. 못 된 언니 업체 알바 일당이 김상무보다 높다. 우리는 몇천 원이라도 더 높은 일당에 일희일비하는 존재들이 아닌가? 언니들은 김상무 욕을 했다. 나는 알려 주었다. 못된 언니 업체는 자기 자동차가 있는 사람만 채용하고 매일 같은 사람만 보내 제일 잘하는 몇을 빼면 일이 거의 없다. 자동차가 없는 사람과 나처럼 매일 일하지 않는 사람에게는 일을 주지 않는다고. 오직 잘한다고 업체로부터 얘기를 듣는 엘리트만 계속 보낸다고. 김상무처럼 여러 사람에게 고루고루 기회를 주지는 않는다고.

20대 강남의 회사도 엘리트만을 고집하는 회사였다. 그러나 그 엘리트들이 찐으로 능력 있는 사람들이었는지 나는 지금도 모르겠다. 분명한 건 19층으로 갈 길마저 봉쇄하는 회사였다는 점이다. 나는 19층으로 올라갈 수 없는 직원이었다.

## 반전의 반전
### 탈락을 마주하는 우리의 자세

그 가을, 특전사 부장 회사에서 몇 번 더 일했다. 회사의 기술은 날로 늘었다. 그러던 어느 날 김상무가 천사 반장들의 회사로 가라고 했다. 나는 '웬일!!'이라고 생각했지만, 그 회사가 어떻게 되었는지 궁금했다.

아침에 사무실로 출근하니 반가운 얼굴이 있어 눈이 커졌다. 작년 겨울 천사 반장의 공장에서 만났던 나에게 따뜻했던 60대 언니였다. 그녀는 김상무의 알바이다. 우리는 오랜만에 만나 반가워했다. 천사 반장들이 이 언니를 다시 부른 것이다. 작업장에 있는 나머지 4명의 인력은 못된 언니 업체 알바들이었다. 물론 못된 언니도 있었다.

따뜻한 언니는 고정적으로 나가는 알바가 되어 있었다. 천사 반장1은 작업 지시가 끝난 후 나를 따로 불렀다. 알바 5명이 일하는 양품 작업장을 떠나 2층 작업장으로 가라고 지시했다. 회사 대표님 어머니와 누나가 일하고 있다고. 2층 작업장으로 갔는데 진짜 대표님 어머니와 누나가 준비하고 있었고 작업대에는 비싼 화장품이 쌓여 있었다. 나는 그녀들을 도와 화장품 포장하는 것을 도왔다.

일을 하며 언뜻 특전사 부장 회사에서 일할 때 이곳 대표가 잠시 들러 일하는 것을 보고 간 게 기억이 났다. 알바들이 커다란 작업대에 모두 모여 옷을 개는데 중년의 남자분이 나타났고 고참 알바 언니들이 일제히 인사를 했다. 그때 그분이 천사 반장 회사 대표인 걸 알게 됐다. 두 회사는 협력 관계였다.

점심시간, 나는 따뜻한 언니와 함께 식당에 가게 되었다. 그때 언니가 말하기를 이곳에서 인력 업체를 바꾼 건 천사 반장들의 결정이 아니라 새로 들어온 부장의 추천이었다고. 부장이 업체를 좀 바꿔 보자고 해서 바뀐 것이라고 말했다. 다만 천사 반장들의 주장으로 따뜻한 언니만 고정 알바로 들어오게 된 거다.

나는 비로소 이해가 되었다. 부장은 천사 반장들의 상사였고 천사 반장도 나름 김상무와의 의리를 지키기 위해 애쓰고 있던 거였다. 나는 따뜻한 언니의 설명에 고개를 끄덕였다.

30대 중반 강남 회사에서 6개월쯤 되던 때, 평소처럼 출근해 여기저기 비어 있는 황량한 사무실을 지나 자리를 잡고 앉아 컴퓨터를 켜는데 화면에 익숙하지 않은 문구가 커다랗게 떴다.

'You're teminated.'

내가 제거되었단다. 즉 해고되었다는 말이다. 해고를 알리는 폭력적인 문구였다. 이후 컴퓨터가 작동하지 않았다. 충격을 받아 멍해 있는데 소프트웨어 부서장이 와 인사부 직원을 만나라는 얘기를 했다.

황당해하는 나를 보며 인사부 직원은 1년간 파견직으로 같은 자리에서 일하라는 제안을 했다. 지금 생각하면 법적으로 항의할 수 있는 일이었다. 해고할 때는 1개월 전 사전 통고를 해야 하는데 미국식으로 당일 해고를 한 거다.

그런 노동 관계법들을 전혀 알지 못했던 당시의 나는 인사부 직원의 제안에 감지덕지하며 1년 파견직 서류에 바로 사인을 했다. 너무 순진한 사원이었다. 미국 기업은 합병한 회사 직원들을 그런 식으로 정리하는 것 같다. 파견직으로 일하게 되자 상사인 소프트웨어 부서장은 더욱 나를 떨떠름하게 보며 19층 마케팅 직원들 마주치면 인사를 정중하게 인사하라고 지시했다. 굴욕감이 들었다. 파견직 1년이 되자 회사는 가차 없이 계약을 종료시켰다.

몇년 후 파트너 회사의 아는 사장님이 나를 불렀다. 한국 소프트웨어 회사였다. 나를 좋게 보기도 했고 경력을 인정해서였다. 나는 작은 한국 소프트웨어 회사로 이직하게 되었다. 이때 Y도 다른 회사로 옮겨 우리는 헤어졌다. 한국 회사에서 부장으로 시작해 다른 한국 회사에서 마지막에는 이사까지 승진했다. 한국 회사들은 나를 깍듯이 대해 주었다. 다른 길은 항상 열린다.

50대 포장 공장에서도 나는 열려 있는 다른 길을 걸었다. 점심 식사 후 2층 작업장에서 나는 대표의 가족들과 즐겁게 수다를 떨며 일을 해 나갔다. 그녀들은 친절한 분들이었다. 자기들도 오늘은 알바라고 말을 터놓고 하자고 그녀들이 키우는 강아지 얘기를 신나게 하며 일했다. 그걸 못된 언니가 보고 갔다. 그녀는 아마 내가 능력이 없어서 전에 잘린 것으로 알고 있었을 것이다. 오후 쉬는 시간에 나는 천사 반장들과 작년 겨울 접착 기계가 얼어서 고생했던 걸 얘기하며 웃었다. 못된 언니의 눈이 커지는 걸 나는 봤다.

그날 내가 여기 온 것은 천사 반장들의 추천이었음이 틀림없었다. 대표의 가족만 만지는 비싼 화장품 포장을 내게 도와주라고 한 건 천사 반장들의 신뢰가 있었기 때문이다. 천사 반장들이 김상무를 배신했다고 생각했지만 그렇지 않았다.

30대 초반, 전 회사가 사내 갈등의 소용돌이 속에 휘몰아치고 있을 때 매일 낭떠러지에서 떨어지는 듯한 마음이었다. 그때 나는 결혼을 했다. 어쩌면 결혼이 구원줄이 되어 주었다. 25년 전이었으니까. 화려하지만 폭력적인 회사로 옮기는 동안 나는 아이도 낳아 길렀다. 그것은 또 다른 인생이었다.

미국 회사에서 파견직으로 일하다 비참하게 밀려났을 때 내 인생이 다시 막막하게 느껴졌다. 내 능력이 여기까지구나. 겨우 30대 중반인데 내 커리어는 더 이상 이어지지 않겠구나. 그러나 50대인 내가 생각해 본다. 회사에서 승승장구하는 사람은 몇이나 될까? 100명이 함께 출발한다면 1등이 자리에 올라가는 동안 99명은 탈락한다. 대다수의 인간이 탈락 인간이다.

탈락은 대부분의 사람들에게 피할 수 없는 숙명이다. 그런데 그들이 모두 탈락했다고 불행하게 살아야 하는가?

그럴 수 없다. 탈락하는 사람들이 행복해야 한다. 회사라는 조직에서는 대부분의 사람이 행복하지 않다. 행복은 다른 곳에서 찾아야 한다. 나에게는 결혼과 아이가 다른 곳이 되어 주었다. 그러나 모두에게도 그러리라 생각하지 않는다. 다른 곳은 여행일 수도 있고 취미 생활일 수도 있다.

사회적 성공을 행복의 중심으로 둔다면 대부분의 사람들은 행복해질 수 없다. 먹고 사는 문제가 어느 정도 해결이 된다면 다른 곳에서 우리는 행복을 찾아야 한다. 결혼을 하고 아이를 낳고 기르면서 그런 생각이 성숙해져 갔다.

# 알바의 세계로 나아 가자!
## 품위 있는 노동

    다른 창고에 일을 나가게 되었다. 출근하니 30명 정도의 김상무 알바들이 우글거렸다. 쾌적하고 깨끗한 근무 환경, 쉬운 일이었다. 김상무표 작업장.

    자주 보던 20대 여자 알바들도 많이 나와 있었다. 여러 의류 포장 공장에서 같이 일했던 친구들이었다. 나는 항상 이 친구들에게 애잔한 마음이 들었다. 카페 같은 곳으로 알바를 나갈 수 있음에도 공장으로 나온 그녀들은 삶을 진지하고 성실하게 사는 친구들이다. 일도 잘하고 태도도 좋아 나는 가끔 그녀들을 차에 태워 버스 정류장까지 데려다 주었다.

오후 휴식 시간에 쉬고 있는데 과자와 음료수 한 박스가 들어왔다. 박스를 들고 온 여자분은 반장에게 정중하게 인사하고 떠났다. 과자를 알바들에게 나눠주며 반장은 저 여자분이 못된 언니 업체 사장이라고 알려주었다. '오홀!' 우리들은 소리쳤다. '이거 드시고 자기들한테도 많이 지원하시래요!' 반장이 말해 주었다.

언니들은 웅성거렸다. 못된 언니 인력 업체의 알바 일당은 단연 김상무보다 높았다. 조금 높은 일당은 하루 하루 먹고 사느라 알바를 꼭 해야만 하는 언니들 사이에서 중요한 문제였다. 그러나 언니들은 김상무를 떠나겠다는 말은 하지 않았다.

이날 나는 알바를 시작한 지 1여 년 만에 드디어 김상무를 처음 보게 되었다. 한 주에 세 차례 이상 문자나 통화를 하는 끈

끈하고 질척한 사이인데 말이다. 그렇잖아도 점심 식사 때 몇몇 언니들이 오늘 아침 김상무가 운전하는 차를 타고 왔다고 말했다. 나는 목소리만큼 중후한 중년 남성을 상상하며 기대를 했다.

퇴근할 때 커다란 승합차가 도착하고 언니들이 운전하는 누군가에게 인사하며 올랐다. 함께 퇴근하던 언니가 운전하는 사람이 김상무라고 알려 주었다. 나는 당장 달려갔다. 배 나오고 머리가 반짝이는 수더분한 중년 남성이었다. '제가 김로운이에요'라고 인사를 하자 김상무는 반갑게 받아 주었다. 그런데 나뿐만이 아니라 너무 많은 언니들의 인사를 받아 나는 뭐 새의 새끼발톱 정도였을까??

낮은 일당을 보충하기 위해 김상무는 못된 언니 업체와는 다른 전략을 써야 했다. 자가 차 소유자만 채용하는 못된 업체와 달리 하기 위해 인력 운반 차량을 직접 몰고 다니기 시작했다. 그날 많은 언니들이 김상무의 얼굴을 처음 봤다고 웅성거렸다.

'일당이 높은 못된 언니 업체를 갈 것인가? 김상무의 알바를 갈 것인가?' 선택하라면 지금 나는 김상무의 알바를 선택할 것이다. 뭐 선택의 여지가 없기는 하다. 나는 매일 나가는 알바가 아니기 때문이다. 그러나 그런 것이 아니더라도 나는 김상무의 알바를 선택할 것이다. 왜냐하면 김상무의 알바 언니들은 서로 배려하고 도우며 일하기 때문이다. 못된 언니 업체처럼 엘리트만 선택하고 나머지는 가차 없이 낙오시키는 경쟁하는 노동 말고 마음이 따뜻한 노동 말이다.

　나는 이곳에서 품위 있는 중년들을 많이 만났다. 비록 까대기 같은 막노동을 할지라도 서로 배려하고 돕는 우아한 마음을 가진 언니 오빠들 말이다. 20대의 내 주변에는 그런 사람들이 많지 않았다. 격심한 경쟁의 연속이었다.

　20대 나는 지금 대다수의 20대 여성들에 비하면 비교적 좋은 직장 번듯한 일을 하고 살았다. 그러나 실은 경쟁에 갈리며 공황 장애를 얻었다. K 과장을 보기만 하면 숨이 가쁘고 머릿

속이 윙윙거리고 가슴이 뛰었다. 밤에도 잠을 자려고 누우면 일 생각이 멈추지 않아 잠들지 못했다. 제대로 자지 못하고 출근하면 다시 숨이 가쁘고 가슴이 뛰었다. 너무 피곤해 목이 부어 제대로 말도 못 하는 날도 있었다.

경쟁에 영혼이 갈리며 나는 마모되어 갔다. 그렇게 살아야 했을까? 남들이 좋은 직장이라고 부러워하는 걸 삶의 원동력으로 삼아야 했을까? 좋은 대학을 졸업한 후 남들이 인정하는 좋은 직장에 다니는 것이 삶의 목표라고 나는 배웠다. 그래서 항상 공부 잘하는 사람이 되고 싶어서 노력했고 목표를 이뤘다.

그러나 그건 나의 목표가 아니었다. 남들이 제시한 목표였다. 내가 내 삶의 목표를 스스로 정하지 못한 것이다. 나는 공부만 잘하는 사람이 회사에서 얼마나 힘든지 보여주는 예시이다. 자기 힘으로 생각할 줄 모르는 사람이 어떤 어려움에 처하는지 보여주는 케이스이다. 30대와 40대를 지나면서 내게는 스스로 생각할 수 있는 힘이 생겼다.

좋은 회사, 높은 연봉이 아니더라고 행복해지는 길은 많다. 가정을 이루고 아이를 낳아 기르는 보람이 행복한 인생의 전부라고도 말하지 않겠다. 이제 20대가 된 내 아이들은 학벌이 좋지 않다. 좋은 직장에 들어가 성공하는 건 애당초 내 선택지에 없고 문제 될 것이 없다. 그러나 내 아이들이 행복하기를 바란다. 아이들에게는 꿈이 있다. 알바가 그들의 지지대가 되어 줄 수 있다.

아이들이 알바를 해서 돈을 벌고 사람들을 만나고 성장하며 꿈을 찾아갔으면 좋겠다. 자신의 꿈에 도전해 실패하더라도 탓하지 않을 것이다. 무릎 꿇고 자기 방에 갇혀 있지 않으면 된다. 세상에 나가 알바를 지지대 삼아 돈을 벌며 혼돈 속에서도 자기 인생을 헤쳐 나가면 된다.

40대 아이를 키우느라 집에만 있었을 때 패배감을 느끼며 우울했다. 쓸모없는 인간이 된 것 같은 좌절감에 빠져 있었다. 그러나 나는 알바를 하며 패배감과 우울감을 벗어내고 사는 맛을 느낀다. 함께 일하는 사람들과 떠들고 부대끼며 즐겁다. 중년의 삶이 훨씬 살만해졌다.

중년들이여! 그리고 20대들이여! 알바의 세계로 나아가자!